郑　樵

（1104—1162）

福建历史文化名人丛书

福建省社会科学界联合会 编

鄭樵

博通百科的史学大师

阮其山 编著

海峡出版发行集团 THE STRAITS PUBLISHING & DISTRIBUTING GROUP | 福建人民出版社 FUJIAN PEOPLE'S PUBLISHING HOUSE

图书在版编目（CIP）数据

郑樵：博通百科的史学大师/阮其山编著.--福州：福建人民出版社，2017.4（2020.11重印）

（福建历史文化名人丛书）

ISBN 978-7-211-07639-0

Ⅰ.①郑… Ⅱ.①阮… Ⅲ.①郑樵（1103-1162）一生平事迹 Ⅳ.①K825.8

中国版本图书馆CIP数据核字（2017）第071882号

郑樵

ZHENGQIAO

——博通百科的史学大师

作　　者：阮其山
责任编辑：何水儿
出版发行：福建人民出版社　　**电　　话：**0591-87604366(发行部)
网　　址：http://www.fjpph.com　　**电子邮箱：**fjpph7211@126.com
地　　址：福州市东水路76号　　**邮　　编：**350001
经　　销：福建新华发行（集团）有限责任公司
印　　刷：福建省金盾彩色印刷有限公司
地　　址：福州市金山浦上工业区D区24幢
开　　本：700毫米×1000毫米　1/16
印　　张：8.75
字　　数：96千字
版　　次：2017年4月第1版　　2020年11月第2次印刷
书　　号：ISBN 978-7-211-07639-0
定　　价：25.00元

总 序

李 红

社会科学承载着“认识世界、传承文明、创新理论、咨政育人、服务社会”的重要功能，是人类赖以传承的精神支柱。近年来，福建省各级各部门认真贯彻《福建省社会科学普及条例》，社会科学普及工作扎实开展、稳步推进，通过举办全省社科普及宣传周、建立社科普及基地、开办社科普及讲坛等社科普及咨询平台载体，其制度化、常态化、大众化工作取得了明显成效。

习近平总书记指出，文化是民族生存和发展的重要力量，中华优秀传统文化已经成为中华民族的基因，植根在中国人内心，潜移默化地影响着中国人的思维方式和行为方式。福建文化是中华文化中极富特色的一部分，深度融入了中国文化的进程，展现出突破陈规、积极进取、兼容并包、锐意创新的胸襟和气魄。向大众传播福建优秀的历史文化知识，是福建省社科普及工作的重要内容。以接福建地气、讲福建故事、塑福建形象、续福建文脉的姿态编辑出版的“福建历史文化名人丛书”，既较为全面地展示了福建文化深厚的历史底蕴和丰富的人文精神，也为福建当下的社会文化建设提供了有益的资鉴。“福建历史文化名人丛书”所包含的朱熹、林则徐、严复、陈嘉庚等人物传记，记录了福建文化之于中国历史的影响，同时也以人物史的叙述方式生动地展现出中国人文精神的风骨和传统文化的传承。

今天，我们提倡和弘扬社会主义核心价值观，必须从中华优秀传统文化中汲取丰富营养，否则就会缺乏生命力和影响力。“福建历史文化名人丛书”记录了福建历史文化人物的价值观践行轨迹，重温了这批福建历史文化乃至中国历史文化史上重要人物的生命历程，以浅显晓畅、通俗易懂的叙述方式讲述了中华优秀传统文化传承的当代意义，开辟了社会科学知识进入千家万户的新路子。

“最忆市桥灯火静，巷南巷北读书声。”一套好的社会科学普及丛书，总是能带动起读书的风气。将学习作为一种追求、爱好和健康的生活方式，也是“福建历史文化名人丛书”所期望实现的目标。在文字中领略福建地域文化魅力，在阅读中传承传统文化养分，在感悟中提升人文道德情操，社会科学普及丛书的出版，可谓正当其时。

（作者系福建省人民政府原副省长，福建省政协原副主席）

目 录

第一章

郑门儒业传奇才

生于儒学之家，承袭诗书传家的门风，又适逢重文的宋代，身居兴化文献之邦，这些是郑樵成名的客观条件。郑樵天资聪敏，胸怀大志，又能刻苦读书，自强不息，得以成为一代杰出史学家、文化巨人。

宋徽宗崇宁三年（1104年）三月三十日，郑樵出生于福建兴化县广业里霞溪村（今莆田市涵江区白沙镇广山村）一个士族之家。

崇文时代

郑樵是幸运的。他生于我国历史上推崇诗书礼仪的大宋时代。国家经济发展，社会安定，文教繁荣。单就史学而言，即有新体裁的鸿篇巨制问世。司马光领衔编修的《资治通鉴》一书，共294卷，300多万字；上起战国时期，下至五代，是中国第一部编年体通史，即“通鉴体”，是后来编年史的样板，铸就了中国史坛的一座丰碑。

与此同时，私人撰修史书的风气也很盛行，如李焘的《续资治通鉴长编》、李心传的《建炎以来系年要录》、王称的《东都事略》等。《续资治通鉴长编》为中国古代私家著述中规模最大的断代编年史。这些史书至今仍是研究宋代历史的重要参考史籍。学者认为，宋代是中国古代史学的鼎盛时期，巨著之多，成就之大，足以“凌驾汉唐，睥睨明清”。这一切，都为郑樵日后修史开辟了良好的学术环境，提供了示范。

文献之邦

郑樵生长的福建地区，是宋代的一块宝土。由于福建地处东南一隅，宋廷对它实行“以文教化”的方针，使之长期保持一个相对和平安定的社会环境。尤其是在金国入侵后，北方长期处于烽火兵灾之中，而宋室南渡后，中原人物荟萃东南，引发中国文化中心的南移，从而促使福建地区文化持续发展，教育体系完备发达，科场人才辈出。

郑樵所在的兴化地区，更是以科甲鼎盛、文教发达冠于国中，有“三家两书堂，一门五学士”之谓。境内私家书楼林立，藏书丰富，仅藏书万卷以上的“万卷楼”就有十多家，总藏书量达数十万卷。“三家两书堂”“家贫子读书”成为当地风俗。因此，兴化地区又素有“地不大于曹滕，俗已近乎邹鲁”的称誉。文教的兴盛对郑樵少时确立“读尽天下八分书，汇天下书为一书”的远大志向产生了巨大的激励作用，也为他苦学成才、著述丰硕打下了坚实基础。

家学渊源

郑樵出身于儒门世家。据《郑氏族谱》记载，郑氏先祖原籍河南荥阳，晋时避乱南迁。入闽始祖郑昭，曾任福州（治所为今福建福州）刺史，后又改任泉州（治所为今福建泉州）刺史。赴

湖山书堂

任泉州途经莆田时，郑昭见南湖山山清水秀，环境优美，就把祖坟迁到此地。到了五代梁、陈间，其后裔中的一支——郑露、郑庄、郑淑三兄弟自福州侯官（今福州闽侯县）迁居永泰（今福州永泰县），继而迁往莆田南湖山祖坟处建屋居住，成为郑氏入莆的始祖。

郑氏三兄弟都是进士出身，曾分别任太府卿、常州别驾与中郎将。迁居莆田后，他们就在南湖山设立书堂，倡导儒家学业，成为兴化地区文化教育的开创者，人们尊称他们为“南湖三先生”，称其书堂为“湖山书堂”。

三兄弟中排行第二的郑庄，后来迁往兴化县游洋寻阳（今属莆田市仙游县）居住。至三世时又由寻阳迁往霞溪（俗名下溪）居住，从此世居于此。

郑樵就是郑庄的后裔。郑樵成名后，曾为《郑氏荥阳族谱》作序，自认是郑庄的第十二世孙。

郑樵还专程到莆田南湖山瞻仰入莆始祖郑氏三兄弟创设的湖山书堂，并作《题南山书堂》一诗抒发心怀。

一泓澄澈照人间，
明月团团落古湾。
不向奔流随浪去，
独持高洁伴云闲。
禅房夜静留清鉴，
阆苑仙归坠碧环。
每到轩前心转逸，
了无纤翳可相关。

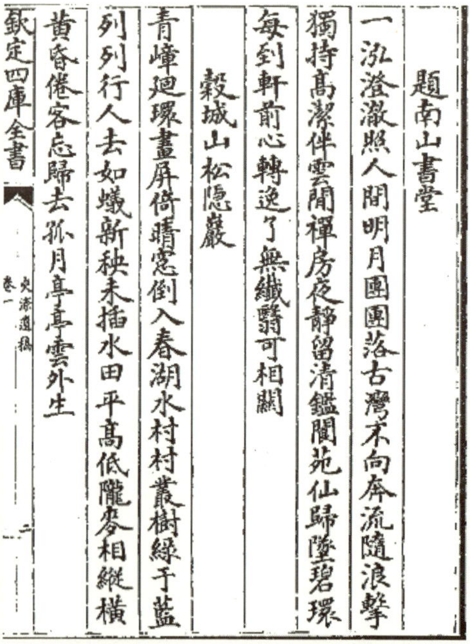
题南山書堂
一泓澄澈照人間明月團團落古灣不向奔流隨浪擊
獨持高潔伴雲閒禪房夜靜留清鑑閬苑仙歸墜碧環
每到軒前心轉逸了無纖翳可相關
穀城山松隱巖
青嶂廻環畫屏倚晴窓倒入春湖水村村叢樹緑于藍
列列行人去如蟻新秧未插水田平高低隴麥相縱横
黄昏倦客忘歸去孤月亭亭雲外生
欽定四庫全書　夾漈遺稿　卷一

《题南山书堂》书影

诗中，郑樵赞颂了先祖清正高洁、不随波逐流的品格，以及在南湖山创学教化人民的功绩。

郑庄一族，继承发扬郑氏习儒的门风。儿子郑积为唐朝进士，唐高宗时任侍御史兼左散骑常侍。郑积儿子郑方迮，也是进士出身，为唐高宗的殿中丞、上骑都尉。郑方迮儿子郑朗、孙子郑璩，也都是进士出身，分别任唐中宗的殿中侍御史、唐肃宗侍讲兼光禄勋官职。

霞溪郑氏传到第九世，为郑樵的曾祖父郑子堂。他是宋真宗大中祥符年间的太学生，天圣五年（1027年）为“三礼”（指儒家礼制典籍《周礼》《仪礼》《礼记》）进士。郑樵的祖父郑宰是宋神宗熙宁三年（1070年）进士。郑樵的父亲郑国器是宋徽宗政和间（1111—1118）的太学生。

以上表明，郑氏家族是个重视教育、诗书传家的士族。因此可以说，郑樵从小就有良好的家庭教育和文化氛围，耳濡目染，慨然有读书的志向。郑樵后来写诗启示胞弟郑槱说：“家风留不坠，少贱自翱翔。”告诫他要传承优良家风，不要中途堕落。

郑樵父亲郑国器，为人乐善好施，曾经变卖祖业，在乡里修筑水利设施，自家却陷于贫困之中。所以郑樵曾说自己“幼而孤苦，长而穷困”，自称是“田家子”“天地间一穷民”。尽管这样，延续几百年的郑氏家族的诗书与仁爱门风始终没有中断，而在郑樵这一代更是得到了发扬光大。

鄭

第二章

矢志奋学深筑基

郑樵自小喜爱读书，初在溪东学堂学习，后建南峰书堂边护墓边读书。他立志要读古今书、通百家学，因此始终刻苦而专注，学业大有长进，这为他一生治学、著述打下良好基础。

溪东学堂

郑樵生于书香门第，从小就受到传统文化的熏陶。《福建兴化县志》说他天资超人，能说话时便要读书，儿童时已经有超脱流俗的志向，鄙视乡里那些豪门大族的轻薄子弟，十分崇拜有德行节义的人。郑樵曾说他自己幼时不曾学习犁田锄地的农活，而是慷慨激昂，胸怀读书之志。

郑樵父亲郑国器，远离家乡在京都太学学习。郑樵幼时就由母亲朱氏教他识字读书。

郑樵童年在溪东学堂读书。溪东学堂位于芗林山分支的一座小山脚，其实就是他的从兄郑厚的家宅。因聘请老师在堂屋教书，又在霞溪东边，人们就称它“溪东学堂”，后人又称“溪东草堂”。

郑樵家在霞溪西岸，不论晴雨寒暑，他每天都要过溪去溪东学堂学习。从溪西去溪东，虽有小石桥可通过，但为了节省时间，郑樵常常就近蹚水过溪。每逢雨季，溪水暴涨，郑樵就抓着岸边大树悬垂的古藤，像荡秋千一样腾空飞跃到溪对岸。

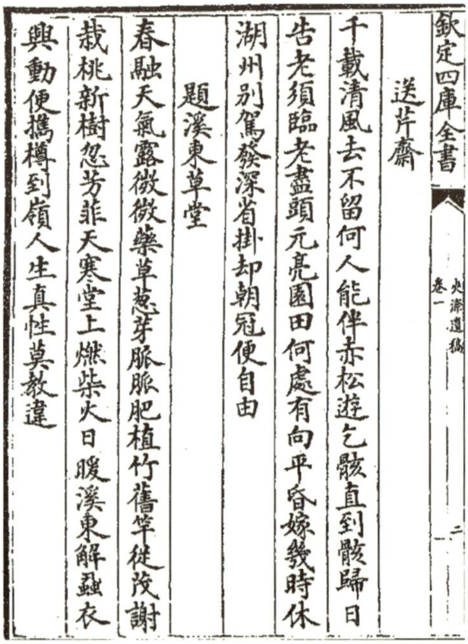

欽定四庫全書

夾漈遺稿　卷一

送芹齋

千載清風去不留何人能伴赤松遊乞骸直到骸歸日告老須臨老盡頭元亮園田何處有向平昏嫁幾時休湖州別駕發深省掛却朝冠便自由

題溪東草堂

春融天氣露微微藥草葱芽脈脈肥植竹舊竿從茂謝栽桃新樹怨芳菲天寒堂上燃柴火日暖溪東解蝨衣興動便攜樽到嶺人生真性莫教違

《题溪东草堂》书影

溪东学堂四周竹林茂密，草木葱郁。附近的小丘上，有块一人多高的巨石，上小下兴化军，是宋代福建的一个行政区，辖境相当于今福建莆田。

大，形状像官员手捧的记事笏板，乡民称它“告笏朝天”。这里是学童们课余时嬉戏游玩的好场所。

郑樵童年读书时有个好朋友，就是本族从兄郑厚。郑厚比郑樵年长4岁，居住在霞溪东边。他也是一个天资聪颖早慧的孩子，他既是郑樵的亲人，又是学友和小老师。兄弟俩高兴时，就拎着酒罐到岭头上把酒观景，一抒壮志。

溪东学堂是郑樵童年时代读书的地方，也是他一生读书著述生涯的起点站。郑樵在这里整整待了3年时间，这也是他日后苦学成才的良好开端。郑樵后来还写过一首《题溪东草堂》的诗：

春融天气露微微，药草葱芽脉脉肥。
植竹旧竿从茂谢，栽桃新树忽芳菲。
天寒堂上燃柴火，日暖溪东解虱衣。
兴动便携樽到岭，人生真性莫教违。

诗中真实生动地记述了童年丰富多彩的读书生活片断，纯朴率真的人生情趣跃然纸上。

郑樵家里虽穷，但有饭吃，有书读，又有从兄郑厚的指点，生活无忧，学业日益长进。

借书苦读

福建兴化军地区，是全国有名的“进士之郡”。学而优则仕，在当时环境下是莘莘学子的人生奋斗目标。郑氏家族子弟也

不例外。郑厚不久就离家到兴化县学学习，郑樵则继续在家读书自学。

由于自己家里的书不多，郑樵就向本村人家借书读。村里的书借读完了，就到附近乡村一些藏书较多的门户借。每当打听到某村某人家有藏书，郑樵就迫不及待地赶去借，不管主人家是否乐意，不借到就缠着人家不走。

一天，他得知山下萍湖村的老尚书陈靖家里藏书有一万多卷，欣喜若狂。可是萍湖离霞溪有些远，来回走路就要大半天，正好萍湖附近有座南峰寺，是郑氏先祖布施兴建的，于是他就借住南峰寺，再去萍湖陈家读书。由于陈家藏书很多，郑樵一连几天也只读了一小部分。

郑樵对书如饥似渴，读书非常刻苦和专注。后来，他回忆自己少年时的读书情形：“寒月一窗，残灯一席，讽诵达旦，而喉舌不罢劳。”意思是不管天寒地冻，总是通宵达旦不停地诵读，也不觉得喉舌疲劳。有时一直读到油尽灯灭，才合上书本闭目静思。

郑樵这时读书，全凭自己的兴趣，主要是经史一类的书，特别喜欢读史书的人物传记。对那些高风亮节的名士传记，他总是反复诵读，直到读通会意。

郑樵最为敬佩古代名人，常以前代有节义的文臣武将为楷模，贾谊、诸葛亮、孟子、荀子、扬雄、韩非子、孙子、吴起、英布、卫青、张仪、苏秦、苏武、乐毅、屈原、司马迁、班固、蔺相如、颜杲卿、郭子仪、李光弼、马援、霍光、寇恂、邓禹、刘琨、祖逖、仇牧、荀息、程婴、杵臼、毛遂、荆轲、聂政、解扬、纪信、陈汤、范滂、向雄、嵇绍、何蕃、张巡、许远、向子平、窦孝威等等都是他仰慕的先辈，他们无不是名垂史册的社稷忠臣、中兴名将或英豪烈士。他们保国安民、清正廉洁、威不能屈、利不可回、心存道义、视死如归、气吞逆虏、马革裹尸、一腔正气、轻身赴义的无私无畏精神，使他深受感染。

郑樵勤奋读书，从书中汲取了丰富的历史文化知识，极大地开阔了眼界，使他明智达理。他暗下决心要以古时英雄豪杰、仁人志士为楷模，砥砺自己，为国建功、为民造福。读书成为他少年立志、献身报国的阶梯。

郑樵读书善动脑子，尤其是对书中的观点，常有存疑意识，这孕育了他治学生涯的求真务实精神。

父亲病故

正当郑樵遨游浩瀚书海、博取前人知识财富之际，家里却遭遇了一场让他难以承受的重大变故。宣和元年（1119年）夏天，在京都汴京（开封）太学读书的父亲郑国器，本来身体就不好，回家探亲途经姑苏（今江苏苏州）时，不幸病逝。噩耗传来，全家陷入悲痛之中。

这时，家中除母亲外，小弟郑槱还小，郑樵自己也只有16岁。按照习俗，父亲客死他乡，必须把灵柩运送回家乡安葬。郑樵作为长子，不得不担当扶棺归葬的重任。

由于家境不佳，无钱雇请车船前往姑苏，郑樵只好顶着酷暑，毅然徒步到千里之外的姑苏，扶棺回乡。

父亲郑国器曾经是个热爱桑梓、急公好义的开明士人。家乡附近有条大溪名碧溪，古时，曾经有苏氏夫妇在上游垒石筑陂，拦溪控水，又开辟支渠，引水灌溉平洋田地。这项水利工程，泽惠民生而深得民心。后人为纪念苏氏夫妇筑陂之功德，将此水利命名为“苏洋陂”。后来由于山洪冲击，再加上年久失修，到郑樵父辈时此陂已经无法用于灌溉。

郑国器深为家乡父老饱受干旱歉收之苦而忧虑，于是毅然变卖祖业田地换取资金，重修苏洋陂，使它恢复了灌溉功能，从而使霞溪700余亩田地得以抗旱保收。乡民深受郑国器的恩德，不意他却中年病逝，无不为之感到悲痛。

郑樵将父亲安葬在家乡的越王山，然后按照古时礼制和本地民俗，担负起护墓守孝的责任。

南峰书堂

父亲的突然离世，对郑樵是个沉重的打击。然而，郑樵年纪虽小，意志却很坚定。他不曾忘记少时定下的读书之志，很快便从伤悲中走出来，安排自己的读书治学计划。

郑氏入莆三兄弟，曾经在莆田南湖山先祖墓地附近修建湖山书堂讲习儒学。郑樵仿照先祖的做法，在越王山父亲墓地之南搭建了一间茅屋，一边守护父墓，一边读书。书堂的西侧有座南峰寺，因此叫“南峰书堂”。

郑樵从进山的第一天起，就怀苦心、立远志，要读古今之书，贯通百家之学，探讨“六艺”之文，使自己一生没有遗憾。

郑樵童年时，就听说过许多古人穷不失志、勤奋苦学的感人故事。他常以车胤、孙康的苦学精神砥砺自己。

墓地的茅屋比较简陋，抵不住冷风吹刮、山雨打淋，虫咬蚊叮也习以为常。他睡的是竹板床，喝的是涧壑水，还要自己动手砍柴做饭。日子过得这样艰苦，郑樵却没有丝毫动摇。他懂得要实现自己的远大志向，如同登山，只有一步一步地攀登才能到达顶峰。

郑樵守孝护墓期间，除了回家拿米、借书外，就在南峰书堂专心读书。日复一日，读了不少书，《诗经》《书经》《春秋传》《论语》《离骚》《史记》《汉书》《三国志》等等，由此激发了他强烈的治学、著述愿望，于是郑樵从以前的单纯读书，开始向治学的方向发展。郑樵的治学著述生涯，就是从南峰书堂正式起步的。

勉励胞弟

郑樵只有一个弟弟，名叫郑槱。郑樵作为长兄，肩负着教导的责任。宣和六年（1124年），郑樵让郑槱到南峰书堂一起读书。兄弟俩共睡一张竹板床，同读一部圣贤书。郑樵如同一位师长，苦口婆心，循循善诱，教育小弟自小就要树立大志、珍惜光阴、刻苦读书、继承家风，告诫他要抵制纨绔子弟的不良习气。

这期间，郑樵写了《家园示弟槱》8首诗，用大量的典故启发勉励郑槱立志勤学、修身养性、传承家风。

只身空后死，千卷未酬恩。
不辱看来世，贪生托立言。
无家称马粪，何史世龙门。
负古今愁晚，中宵吊屈原。

读书经百卷，见影岂须惊。
中夜山精笑，寒灯草魅争。
脱冠神采足，掷棵眼光明。
面壁吾常事，庵题天耐名。

大意说，自己缺少显达的家庭背景，科举功名并非一件容易的事。要想来世有名，今生就得多多努力，刻苦读书，著书立说。“读书经百卷”“面壁吾常事”，博学苦思，精神奋发，耐得寂寞，坚韧不拔。这正是郑樵自己的志向和成功之路。

谁使余为墨，朝朝哭染丝。
猎鹰才子累，杀虎古人痴。
早信山宜面，休嫌谷可移。
日光图史满，炳烛却惊迟。

诗中，郑樵借师旷劝学的故事，用烛光比喻老而好学的精神，勉励小弟要珍惜光阴、一生好学不息，以免后悔读书太晚。

每恨纨绔子，交游半博徒。
弃家寻有道，舍命事名儒。
风雅非难及，今人贵与殊。
夜深何所嘱，嘱汝似狂夫。

诗中，郑樵告诫弟弟要抵制纨绔子弟、赌博之徒的不良恶习，要拼命跟从著名的师儒学习，努力成为风雅之士。

竹床读史惯，土铧勿粘尘。
洒扫王维德，浇锄郭太仁。
使才看着屐，有道验时薪。
小物汝知谨，同心作古人。

学俭诚佳事，悭名岂足居。
写多崇厚论，读废绝交书。
结客饶倾产，破贫累卖车。
前人家训在，孙孔未全疏。

佻达凭豪族，疏狂自克家。
看人呼狗窦，纵我泛渔槎。
凿穴安蜂豕，穿篱避管笳。
如能痴胜黠，寒食贺骝骅。

天下轻黄宪，居邻孰戴良。
暴田安足较，散绢未为狂。
失剑羞余里，还牛让古乡。
家风留不坠，少贱自翱翔。

诗中，郑樵勉励小弟要学习古人的优秀品德，做事小心谨慎，认真执着；待人要慷慨豪爽，助人为乐；生活要俭朴，但不要悭吝小气；要推崇公道，净化风俗。

郑樵教弟所说，正是自己所思所行、一生为人处事的准绳，他真正做到了以身作则、言传身教。可惜，郑槱后来不幸因病过早去世了。

师从郑厚

郑樵在越王山南峰书堂读书护墓时，童年的师友、从兄郑厚正在县学修业。他精通经史，作文引经据典，下笔成章，议论切实，不说空话。当时的儒学实行“三舍法”，对学生只要求精通一门经书就可以升级。唯独郑厚一人“五经”兼优，因此闻名县学，以至于学校许多老先生都自认不如他，于是郑厚被推荐进入京都太学深造。无奈太学离家太远，郑厚思念亲人心切，作《怀亲》诗，其中两句为：“白云极目四千里，黄叶扣窗九十秋。”此后，他毅然放弃学业，返回故里。

郑樵守孝结束后，依然在南峰书堂读书。适逢郑厚从太学回家，郑樵就邀他来书堂一起读书，讨论学问，并拜郑厚为师。兄弟二人志同道合，相互切磋琢磨。在郑厚的指点下，郑樵学业大有长进。

郑樵读书不单读经史，有时也读古诗，特别喜爱屈原的诗。读书余暇，他会写诗抒发心怀，尤其喜欢写历史题材的诗。

王昭君、湘妃等古代著名美人，是骚人墨客唱咏的亘古不变的题材。众多著名诗人如李白、杜甫、白居易、李商隐等，都争相赋诗唱咏昭君和亲的历史事件。而郑樵却有自己的理解与看法，于是写了《昭君怨》《昭君解》的乐府诗。

昭君怨

长谢椒房草，终为薄命身。
那教兰蕙质，翻与雪霜亲。
脸腻匀脂浅，妆残促恨颦。
故知关北夜，无分汉南春。
红泪残胡月，轻衣半洛尘。
琵琶凄切语，愁杀路旁人。

昭君解

巫山能雨亦能云，宫丽三千杳不闻。
延寿若为公道笔，后人谁识一昭君？

《昭君怨》诗描述王昭君的超人美貌与兰蕙般幽静、高雅的品格，以传统的笔调赞叹王昭君为国远嫁、别离故土的凄切心情。《昭君解》则以历史的眼光，对昭君出塞的事件做了独特的解读。认为当年的画师毛延寿，如果能以公道之心，如实画出昭君的美貌，后世的人就不知道昭君美人了。

郑厚作为兄长和老师，对郑樵的解诗虽不明言肯定，但心里是赞许的，为此特地写下了评语，勉励他日后写诗一定能够达到前人所未能达到的境界。

郑樵与郑厚一起读书，探讨学问，关系十分融洽。郑厚既是师长，又是亲友，兄弟俩教学相长，学问大有长进，特别是找到了读书治学的门道。

他俩在攻读儒家的《诗》《书》《春秋》典籍时，发现汉、唐经学家的讲解都是从经书中死抠文字，猜测它的义理。碰到文句有脱落、讹误，就曲意附和以求通融说法，而不能真正把握孔子编书的用心。

郑厚认为，读书好比搬运瓮子（古人以运瓮自励），运瓮必须在瓮的外面才行。读经书不能只从书上的文字去解释理解圣人的本意用心，而必须从经书之外去解读。他批评古今学者死读经书、迷信经书的习气，并鲜明地表示，自己爱好读古书，但不为古书所蒙蔽；自己能做到多识别前人的言论，不被它所迷惑。

郑厚的这种独立思考方式和批判精神，对郑樵的治学著述产生了深刻的影响。

鄭樵

第三章

谋求从政志救国

北宋灭亡后，郑樵怀着强烈的爱国之心，与从兄郑厚踏上谋求从政救国之路。他们多次赴福州，登门拜访福州知州江常与前枢密副使宇文虚中，进献救国大计，而深得赏识。但从政要求却未能如愿，遂有报国无门之叹。

有心报国

郑樵兄弟在越王山潜心苦学、深入讨论学问、学业大有长进之际，宋朝北方的国土上却烽火连天。终于，靖康之难传来，莆田虽远在千里之外亦受到震动。

郑樵兄弟时刻关注事态的发展，打听徽、钦二帝被俘北去的音讯。他们为国家前途命运而忧心忡忡，夜不能寐。郑樵挥笔作《建炎初秋不得北狩消息作》一诗，抒发炽热的爱国心怀。

昨夜西风到汉军，塞鸿不敢传殷勤。
几山衰草连天见，何处悲笳异地闻。
犬马有心虽许国，草茅无路可酬君。
微臣一缕申胥泪，不落秦庭落暮云。

春秋战国时，吴国军队攻陷楚国郢都。楚国大夫申包胥为了救国，赴秦国请求出兵救援。秦国不肯出兵，申包胥在朝堂上哭了七天七夜。秦国君臣为他的爱国之心所感动，终于出兵解救。郑樵的诗，借申包胥长哭救国故事，表达自己为国报效犬马之劳的意愿。

郑樵、郑厚是知书达理的热血青年。国难临头，必须挺身而出。两兄弟一拍即合，决意寻求途径，投笔从政，报效国家。

投书福帅

由于朝中无人，又无名人推荐，于是兄弟俩采取战国时赵国平原君食客毛遂自荐的办法，不顾路途遥远，前往福州的福建安抚司，登门求见福州知州江常。

江常，字少明，泉州惠安人，北宋崇宁进士，原在朝廷任中书舍人、侍御使、给事中，宣和七年（1125年）外派出任兴化军知军，后又任福州知州。按当时官制，福州作为要郡，故充本路兵马钤辖之职，即掌有兵权。郑樵、郑厚给他写信自荐，是完全对路的。

两人送交了自荐信。信上作自我介绍，说明来意。并对当时的局势做了深刻的分析。他们指出，当今国家刀枪囤积如云，苍生鼎沸，天子逃亡而蒙尘，百官遭受杀戮，宫中荒草丛生。这虽然可悲可伤，但从另一方面来说也是一种转机。这是因为身处险境的人，由于考虑周到而能获得保全；身居平安的人，往往因疏忽而招来灾患。

同时指出，凡事成败与否，并非取决于天意，而在于人的努力。正如当年诸葛亮，本是一个种田翁，好像偌大的四海，都无他的容身之所。然而，一旦刘备三顾茅庐，诸葛亮就被他真诚的招贤之心所感动，两人相会于茅庐中，笑谈方略，而后取得蜀地。君臣相遇，如鱼得水。

二郑的信以古鉴今，指出现在虽然敌人尚未被制服，国土尚未恢复，父兄的耻辱也未洗刷。但是，天地愤容，日月夺色，全国上下无不愁戚忧心，正是国家奋发图强之时。又指出，强劲的敌军并不值得担忧，最令人忧虑的是自己的兵力太弱。现今军队，教导不明、法制不严、纪律涣散，将士疲弱无能、进无锐意、军有乱心。以这样的状态作战必然会出大乱子。

针对这种现状，二郑的信以古代《孙子兵法》的战略战术精髓，进一步分析敌我双方的态势，提出了应对策略。

他们说：

> 盖艰难之主勤，勤则易晓，战胜之兵骄，骄则易败。厌乱之俗易成，饥渴之民易得，况以夷狄之五，不当中国之一。驱饮愤之民，仗义奉辞，以吾多算，制彼无算；以吾重地，制彼散地；以吾锐气，犯彼归气。吾专为

一，彼分为十。取用于国，因粮于敌，险其势，短其节，如转圜石于千仞之山。

凡此等等。只要采取正确的战略战术，纵使不能挽回京都杀戮之灾的损失，也足以激发老百姓的愤恨，洗刷祖宗的耻辱。流落在外的两宫的帐殿，也必定不会在敌国凄惨冷落。

二郑的信说，郑樵、郑厚本是山野小民，身不悬官印，口不食皇粮，得志就行其义，不得志就隐居山林，一丘一壑，一觞一咏，蔑视权力如同摆脱鸿毛一样容易。阁下作为国家臣子，身穿国家的衣，领皇朝的俸禄，胸怀人民的忧愁，承载人民的灾患。当此之时，怎能不用尺寸功名为国效力呢？

最后说，世上有非常困难的事，就有非常的功勋，又有非常的人才，这难道是平常人所能赏识鉴别的吗？想当年，萧何从行伍中发现了韩信，邓禹荐用了副将寇恂，周瑜在乡里与鲁肃定下交谊，徐庶从田间推荐了孔明。郑厚、郑樵热诚期望着。最后，他们还说："羽毛既成，因风而腾。鳞甲已就，待云而兴。"表示他们已准备就绪，只要江常一推荐，他们就奋勇而上，为国效力。

二郑致福帅江常的信，全篇近3000字，洋溢着浓烈的爱国情怀。他们对局势的分析切中时弊，提出的对策，特别是军事方略，无不是克敌制胜的精粹。信中二郑表达的谋求从政愿望，既热诚期待，又冷静地留有退路。此信通篇以古鉴今，说理透彻，充满着辩证思维。不但表明了炽热的报国情怀，也显示其渊博精深的历史知识与睿智思维。这正是他俩多年来蛰居深山、刻苦学习的结果。

郑樵兄弟慨然报国的热忱与雄心壮志，虽然受到了福帅江常的称许，但江常于建炎二年（1128年）十二月提举江州太平观奉祠，二郑从政报国的愿望也随之落空。

三访枢臣

郑樵兄弟俩投笔从政的愿望，并非心血来潮一时冲动。两人自小爱读史书，深为古时英雄豪杰的忠义仁信志节所感动，为国为民、捐躯报国的爱国主义精神扎根心中。从政报国，已是坚定的意志。福帅江常虽然未能帮助他们实现这一愿望，但他们并不气馁，依然苦心寻求新的途径。

二郑多方打听官场情况后，认为曾任签书枢密院事的宇文虚中是个可以帮助他们的大人物。宋代枢密院掌管军事、边防事务，与中书省并称“两府”，同为最高国务机关，共同负责军国要政。枢密院长官为枢密使，副职为枢密副使。签书枢密院事的职位仅次于副使，在朝中也是个举足轻重的官职。

宇文虚中（1079—1146），初名黄中，字叔通，成都府广都（今成都双流）人。他是宋徽宗大观时进士，历任州县官职后，入朝为起居舍人、国史院编修官，直至签书枢密院事，是个历仕徽宗、钦宗、高宗三朝的资深大臣。金兵初次侵犯汴京时，宇文虚中奉命赴金营与金酋周旋，最终金军退走。后来，御史却弹劾他“议和误国”，于是他被贬为青州知州，不久又免职奉祠于福州。

郑樵兄弟认为，宇文虚中曾为天子掌管军事的大臣，是出入三朝的元老，为天子所倚重。此时虽然退职奉祠福州，威望尚在，不妨前去寻求帮助。于是他们不避风雨，赶赴福州登门求见。宇文虚中以礼相待，接见了两位不速之客，开怀听取他俩陈述来意。二郑呈上了精心撰写的书信。

这信开门见山地说：当今沧海横流的地方不安定，自己通宵达旦摩拳擦掌而不能入睡。为此跋山涉水，顶风冒雨，带上关乎

天下安危的大计，前来求见众望所归的通达明智大人，同他讨论对策。二郑自认为是古时所说的“仁义之士”。值此国难当头，甘于抛头颅、洒热血于忠义之地，虽死无憾。

宇文虚中仔细翻阅信件，并听取二郑的陈述，还不时介绍二郑所不知道的事情，如同当年周公接待客人一样热情。他称赞二郑的“议论文章，皆可入用；经纶韬略，缓急足倚”。叹曰：“今天下无人，吾老矣，子幸少勉之。”

宇文虚中又两次前往二郑住处回访，与二郑促膝交谈，并赠送自己写的长篇文论。不久又派遣儿子与二郑结交。这都表明他对二郑的器重。

为此，二郑深受感动。于是再次登门拜访，送上一封3000字的长信。该信详尽地介绍了他们自己的志向和文才韬略，自比于古时那些“生为万夫雄，死为壮士鬼”的大丈夫。信上说：“然则厚也、樵也，何人也？沉寂人也，仁勇人也，古所谓能死义之士也。谓人生世间一死耳，得功而死，死无悔；得名而死，死无悔；得义而死，死无悔；得知己而死，死无悔。死固无难，恨未得死所耳！”

该信最后说，当今为天子蒙尘、苍生鼎沸、国家危乱之时，郑厚、郑樵兄弟甘以一死来立功报国，维护正义。为此接连拜见阁下，以求其所。并表示他们平时有所准备，用心独到，一旦得到大臣的赏识，用于建设大厦，保证能起到栋梁的作用，希望阁下明察爱惜。

宇文虚中先后读过二郑两封书信，又多次同他们会面交谈，对其志向、为人和才能已经比较了解。于是特地复函说：“士人受科举蒙蔽很久了，已经很少有像二位先生这样气雄志健、渊源深远、不为世俗浅薄的学问所动摇的人才了。二位先生的文章，对上涉及‘仁义’这个根本观念；对下深晓民情，并触及吏治；

预料敌情的真假，如同亲临敌境。像二位先生这样见识非凡之人，即使千万人中也没几个啊！”

又说：“只恨我自己也是因罪放逐，不能为二位先生出力，只能以‘自爱’一言，感谢二位的来意。纵观古今，大凡对士人的信任使用，都是先通过知己的介绍引荐。楚人三次进献价值连城的玉石而不能献上；路上向陌生人赠送明珠，陌生人就立刻按剑警备。这都是过于轻率地向人示好而招致的啊！愿二位先生三思愚言，不要忽视它。”宇文赠言“自爱”，意在勉励二郑韬光养晦，等待时机。

可是，宇文虚中不久又被放逐到韶州（今广东韶关），二郑对此尚不知情。想到兄弟二人不顾自己出身寒微，携书进枢臣府门的情形，宇文的面色越来越怡悦，说话越来越温和，情感越来越亲密，遂推心置腹，促膝长谈。

考虑到宇文虚中三朝元老的显赫身份，对自己的谋政之路肯定大有裨益。而他所赠言“自爱”，或许是因为对自己的底细还不够了解的缘故。因此，二郑对宇文的荐举依然寄予厚望。

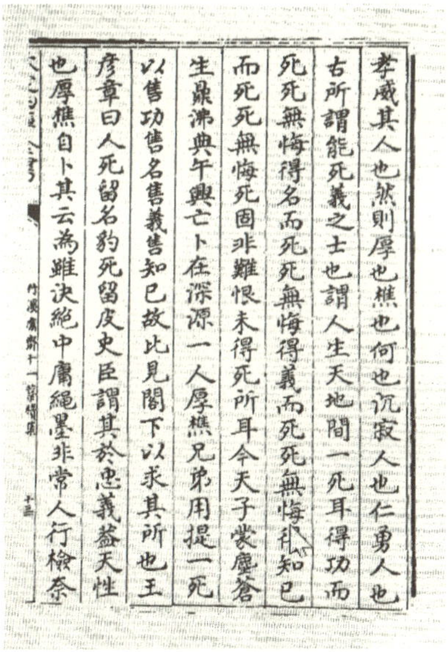
孝威其人也然則厚也樵也何也沉寂人也仁勇人也
古所謂能死義之士也謂人生天地間一死耳得功而
死死無悔得名而死死無悔得義而死死無悔私知己
而死死無悔死固非難恨未得死所耳今天子蒙塵蒼
生鼎沸典午興亡卜在深源一人厚樵兄弟用提一死
以售功售名售義售知己故比見閣下以求其所也王
彥章曰人死留名豹死留皮史臣謂其於忠義蓋天性
也厚樵自卜其云為雖決絶中膚繩墨非常人行檢奈

二郑致书宇文虚中的书影

于是二郑再一次投书宇文虚中，详细地介绍兄弟二人读书立志、以古人自期的经历，以及自己的品德、节义和才能，包括自己的长处与缺点也都和盘托出。在信中，二郑表达了值此天子蒙尘、苍生鼎沸之际，甘为仁义而死、死而无悔的心志。信中明确提出“使（郑）厚司台谏，则世无豺虎迹；使（郑）樵直史苑，则地下无冤人”的从政去向。希望荐用郑厚担

任御史、谏官，可以清除奸邪，国泰民安；郑樵担任史官，可以惩恶扬善，公正写史。可是，他们投上去的信始终没有音讯。

报国无门

殊不知，此时此刻，宇文虚中正面临一场连他自己也料想不及的、大起大落以至于家毁人亡的悲剧。

原来，建炎二年（1128年），高宗赵构下诏征求出使金国的使者，以祈请徽宗、钦宗二帝归来。金国一向不讲道义，几十年来，宋金交往中，宋朝派往的使臣，被扣留甚至受迫害致死的多达数十人，因此出使金国被官员们视为危途。

被放逐出朝的宇文虚中想要以功赎罪，于是不顾危险毅然应诏出使。朝廷遂恢复其资政殿大学士之职，作为祈请使赴金。果然一到金国宇文虚中便被软禁起来。第二年，由于宋金关系略有缓和，金人才同意放回宋使。本是难得一遇的自保之机，宇文虚中却牢记国家使命，斩钉截铁地说："二帝未归，我不能回！"毅然决然独自留在金国，继续完成既定的使命。

由于宇文虚中仪表堂堂、文采卓然，金国爱其才，便对他加以重用，历任翰林学士、知制诰兼太常卿、礼部尚书等要职，掌管词翰策命，又尊他为"国师"。也因此后来一些来使的宋使臣鄙视他"失节"。

然而，宇文虚中是个真正的爱国者。他人在金营心在宋。他自请留在金国，是因为心中怀有更大的抱负。他以诗抒志曰：

满腹诗书漫古今，频年流落易伤心。
南冠终日囚军府，北雁何时到上林？
开口摧颓空抱朴，胁肩奔走尚腰金。
莫邪利剑今何在，不斩奸邪恨最深！

诗中充分表达他不改对宋廷的纯洁忠心、对金人的疾恶如仇。为此他忍辱负重，以成将来大事。他在金国，每每派人持密信向宋廷报告金国的虚实。金人每欲举兵南侵，他总以“劳师费财”为由加以劝阻。宋廷因其“奉使日久，守节不屈”，诏令福州官府慰问救济他的家属。

金国在完颜宗弼（又名兀术）掌管朝政后，局势已经朝着对宋朝有利的方向发展，宋军越战越强，岳飞一部甚至进攻到离开封仅几十里的朱仙镇。宗弼见金军已失去绝对的优势，于是想讲和。

宇文虚中对局势了若指掌，他秘密建议宋廷不要急于议和。同时他利用自己的地位与权力，暗中联络中原豪杰义勇，计划趁金熙宗祭天时劫杀他，然后护送宋钦宗回国。他还用蜡丸书密报宋廷，要求宋廷派兵接应。

宇文虚中万万没有想到，宋钦宗回国，正是高宗赵构最为忌讳的事。因为一旦钦宗归来，自己将面临失去皇位的局面。奸相秦桧是极力主张宋金和议的投降派，为讨好金兀术，他居然按照金国的要求，把宇文虚中等滞留金国的宋臣的家属送往金国。而在接到宇文虚中蜡丸密书后，赵构、秦桧为了保住自己的地位，竟然不顾国家与民族大义，丧心病狂地把宇文虚中的起事计划泄露给金国。于是，金主勃然大怒，残下毒手，一夜间把宇文虚中及其家属一百多口活活烧死。

宇文虚中如此惨烈的结局，二郑兄弟当时自然不得而知。他俩一直巴望着宇文的回复。可是，望眼欲穿而杳无音信，不免心情惆怅。

宇文虚中为国捐躯的壮烈事迹，直到宋孝宗淳熙六年（1179年）才得到追认。宋廷以“虚中忠死”，赠开府仪同三司，谥号“肃愍”，赐庙号“仁勇”。而郑樵永远得不到这个喜讯了，因为他在3年前已病故。

第四章

芗林著述广搜书

芗林山是郑樵读书治学生涯的第三个站点。他初与郑厚在芗林寺讲习，后新建芗林草堂，用于读书著述。他深入实际，力使理论与实践相结合。郑樵在此勤奋著述，完成了大批著作，博得学者的赞赏。

芗林风貌

二郑投笔从政之志接连受挫，于是他们毫不犹豫地按预想的退路，收心蓄志，返回故山读书治学。这时，两人已经颇有名气，拜师从学的人日益增多。原先的南峰书堂不够使用，他们就搬迁到芗林山的芗林寺讲学。

芗林山是由夹漈岭发脉的一座山峰，山清水秀，林木苍翠。郑樵的诗这样描写：

芗林苍翠甚，极目可吟诗。
梅子风前落，杏花雨后移。
清溪过半郭，孤月隐疏篱。
寂寂云山外，萧然独自知。

芗林山下有个“灵龟潭”，潭深水清，一块石梁横跨潭上。传说有灵龟蛰伏潭中，每逢天旱，村民前来祈雨，只要看见水

芗林寺

龟浮上来，就必定下雨，因此名叫“灵龟潭”。溪潭上方有块巨石，石面平整，可以坐数十人。郑樵早年常来潭石上观赏山泉溅注喷激之趣，还写诗表达对这里景观的留恋之情：

泉心漱玉开心孔，山色挼蓝慰眼花。

着手摩娑溪上石，他年来访汝为家。

芗林寺坐落在半山的一个山岙里，为霞溪郑氏先祖、殿中侍御史郑朗创建。该寺除正殿与4间偏房外，还有边房20多间，可供生徒住宿。这里群山环抱，环境清幽，离村庄稍远，除寺院有佛事时信众前来烧香拜佛外，平时人迹罕至，是读书、讲学的较好场所。

不意郑樵作的《灵龟潭》诗一诗成谶，后来他果真在芗林山安家落户。他先是同郑厚在芗林寺讲习，后来又新建芗林草堂修史，在这里一待就是二十几年，真正是以芗林山为家了。

辨诗论史

儒家经籍《诗经》《春秋》等，是宋代科举必考的项目。二郑经过多年的学习钻研，对诗、书、经、传有着独到见解。

《诗经》是我国古典诗歌总集，为士人必读之书。经学家讲解《诗经》，在诗前对各篇作了题解与文字解释，称为《诗序》。汉代以来的《诗序》，在注释解说时忽视诗歌的情感特性，而是附和在君王的行事中，过度解读道德教化的作用，借以宣扬封建伦理教条，肆意歪曲诗的本来意思。

如《诗经》的开篇《关雎》，本是一篇描写青年男女恋爱的情歌。首段为：“关关雎鸠，在河之洲。窈窕淑女，君子好逑。”《诗序》的题解却说是比喻君王思念贤才。经学家又进一步臆想发挥，说是赞颂后妃的“淑德”，成为讽喻天下人端正夫妇之道的风化教育，更加背离诗歌的主题了。

郑樵认为，“关关雎鸠，在河之洲”不过是诗歌的起兴之句，也可以用鹜（野鸭）、鹤、鸳凫之类的水鸟替代。这句诗本是说，见到雎鸠在河中的沙洲上却得不到它，比喻君子思念淑女却不可得的意思。他质问经学家，解读为“后妃悦乐君子之德，无不和谐”，道理何在？郑樵还从雎鸠的生物特性，进一步解释说，雁、鹜之类的禽鸟，因其嘴形扁而发声“关关”之声，鸡、雉之类嘴尖，叫声如“鷕鷕”。雎鸠的嘴似凫雁，因此发声似“关关”，是“天籁”之音。如果不懂得雎鸠的这些特性，怎能知道它的河洲之趣与关关之声呢？

对于诗的起源，经师解诗无不宣传其“褒贬”“美刺”之义，认为孔子编订《诗经》，是以礼义为标准取舍的。郑樵认为，孔子编诗固然与礼义有关，但真正目的是对不同的典礼，要求有不同的场合气氛，因而选择不同的乐声。《诗经》的功用在于它的乐声，而不在它的文义。孔子教门徒学《诗》，并不是要从诗中寻求什么意义，而是通过学诗，多多认识鸟兽、草木的名字而已。

《诗序》一向被说是孔子的弟子子夏所作，以此树立其解说《诗经》的权威性。郑樵经过研究，认为它只是托名子夏的伪作，实际是卫宏汇集经师传诗之说而成的。

郑樵对《诗经》的解读，否定了汉唐经学家们的传统说教，令众学者耳目一新，茅塞顿开，真正把握住了《诗经》的本意。

《春秋》原为先秦史官记事的档案，周朝列国都有自己的《春秋》，只是名称不同而已。孔子作鲁国《春秋》，以时序为纲，记载鲁国发生的大事，成为我国古代现存的第一部编年史。

由于措辞简单，后世儒家学派就大加臆说附会，发掘它所谓的“微言奥义”，宣扬其褒贬、劝惩作用，说孔子作《春秋》是为了“拨乱反正”，强调《春秋》“寓褒贬于一字之间”的用意。

郑樵经过认真深入的钻研，发现孔子作《春秋》主要是记载周朝的制度，并不是为了褒贬。针对汉代名儒董仲舒等人所宣扬的“天人感应”说，郑樵对历史上发生的天裂、日食、太阳黑子、彗星、地震、山崩、大水、火灾等多种自然异变现象的记载作了梳理和研究，又对春秋几百年间与汉代一日、一月里所发生的日食、地震、山崩、大水等灾害的次数作了分析对比，以铁的事实证明，自然界的变异现象与人类社会的吉祥灾祸，并无对应的关系，戳穿了经学家的“天人感应”说。他的结论是：“天地之间，灾祥万种；人间祸福，冥不可知。”“国不可以灾祥论兴衰，家不可以变怪论休咎（吉凶、善恶）。”

于是，郑樵以尖锐凌厉的言辞，对汉代经学家的谬说作了有力的批判。认为“《诗》《书》可信，而不必字字可信”。他指出：凡是解说《春秋》的学者，都说孔子“寓褒贬于一字之间”，把自己的看法诬称是圣人的本意。这就叫作“欺人之学”；许多解说《洪范》的学者，分析天下灾祥、祸福的异变时，推导到金、木、水、火、土“五行”领域，把时事的吉凶故意与“五行”般配，这就叫作“欺天之学”。

郑樵的新论，反映他思想开放、不默守旧说的学术批判精神。这是他长年刻苦攻读和深入思考钻研的结果。当然，也与郑厚的启发开导分不开。郑厚不愧为一位博识明智的老师，郑樵也不负师从郑厚，同样有独特的、崭新的见识。郑厚曾经称赞郑樵，说他对艰深的道理能独立钻研，如刀劈坚木一样，层层破解；作文如悬崖绝壁，高峻尖锐；下笔如大匠选材，胸中暗有绳

墨标准，文章如有神助。

芗林草堂

绍兴五年（1135年），郑厚赴临安（今浙江杭州）参加礼部会试，获得诗赋第一名。主考官、兵部尚书刘大中称赞郑厚说：“真是天下奇才啊！”郑厚的殿试对策洋洋六千言，论述尖锐无隐，最终因考官看法不一致，列为第七名。宋高宗在此前就听说过郑厚的名字，此时殿试，又发现他才能出众，遂诏令特许破格按高一级年资派遣，授官左从事郎、泉州观察推官。

郑厚出山从政，并未引起郑樵的思想波动。有人问郑樵为什么不去参加科举考试？郑樵平静地答道：“我对读书的嗜好，比其他的看得重要，因此不会违背自己看重的事，去迁就无关紧要的事。自己不高明也不愚昧，不矫激也不疑畏。有饭吃、有书看，其余的还有什么可羡慕的呢？年轻时精力强，就要抓紧读书；稍感疲倦了，就铺陈论述写文章；到了衰老不能著述时，就随遇而安，愿意进身做官就去做官，施展平生蕴藏的才华，自然没有不可以，如果不愿做官，就尽力去实现自己的志向，也无不可。不去参加科举考试，在我看来是最平常的事了。何必违背自己的意愿，去和儒生们比试文章高低呢？又何必嫌弃自己的志向，去获得一官半职呢？”

郑樵不但这样说，也是这样做的。郑厚出山后，他仍然继续他的读书治学事业。读天下之书，通百家之学，始终是他人生之梦，是他坚定不移的目标。

为了减少外界的干扰，以便静心治学，郑樵在芗林寺旁边新建了一座三间草堂，作为起居、著述之所。草堂依山临水，满山苍翠欲滴，山下清溪碧绿如带，环境十分清幽，实是读书著述的好地方。郑樵的诗这样描写：

芗林苍翠甚，霁色绕吾庐。
四面鸟声寂，一庭月影疏。
有山皆入坐，无日不安居。
好向墙东卧，看人献子虚。

草堂初名“芗林草堂”，因郑樵当年在这里著述修史，后人又称它“修史堂”。郑樵在这里待了二十多年的漫长时间，在这里，他为以后的修史生涯奠基，并取得了丰硕的成果。

走进自然

郑樵山居芗林，在研习众书、潜心著述之余，步出安静的草堂，投身于广阔多彩的大自然，认识自然，探究大自然的奥秘。他不时出没山中，参与农事实践，体验山民生活，观察山中万物习性，获取鲜活的知识，为他的治学注入了新鲜的内容和灵感。

郑樵认为，《尔雅》虽是名物之宗，曾经有人对《尔雅》作过注疏，但由于不懂得实际情况，致使鸟兽、草木的学问不能传承下来。经师讲解经籍，对事物名称也不能做出明确的解释。遇到天文方面的，就说“这是星名”；遇到地理方面的，就说“这是地名”“这是山名”“这是水名”；遇到草木、虫鱼、鸟兽，就说这是“草名”“木名”“虫名”“鱼名”“鸟名”“兽名”，而不能解释这是什么星、什么山、什么水、什么草木、什么虫鱼鸟兽等等，显然，连经师自己也不知道为何物。因此郑樵批评当时风行的“以虚无为宗，而不问实学”的轻浮学风。

有感于此，郑樵在芗林山中，“与田夫野老往来，与夜鹤晓

猿杂处，不问飞潜动植，皆欲究其情性”。他常常起早摸黑，上山下溪，对山中各种动植物，不管是天上飞的，水里游的，山上野生的，或是种植的，都细心观察，并虚心向田夫野老请教，从而获得书本上不能得到的鲜活知识。

对此，郑樵深有体会地说：“经书上说的道理比较容易理解，但事物的真实情状却比较难识别。农人认识田野的生物，却不懂诗书的意思；书生通晓诗书的主旨，却不认识田野的生物。”指出儒生与农人对知识各有长处与缺陷，因此读书人必须广泛观察世上的生物，发现他们的习性，了解鸟兽的情状，观察草木的生长，并强调二者要取长补短，使书本知识与实践知识相结合。这在当时实在是了不起的见解。

郑樵对天文学的研究，也是实行书本知识与实际观察相结合的方法。他为了批判传统的“天人感应说”，认真观察星空的天象，到处搜集有关天文的古籍和图谱。一天，他得到隋朝人丹元子作的一本《步天歌》，此书图文并茂，而且不以天象的变化附会人间灾祥，不宣扬“天人感应”的邪说。如关于星宿的歌诀：

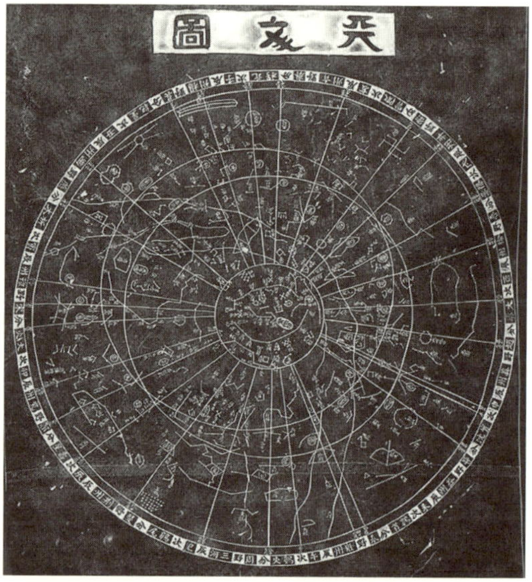

南宋天文图石刻（苏州博物馆藏）

斗。六星其状似北斗，魁上建星三相对，天弁建上三三九……

牛。六星近在河岸头，头上虽然有两角，腹下从来欠一脚。牛下九黑是天田，田下三三九坎连。牛上直建三河鼓，鼓上三星号织女。左旗右旗各九星，河鼓两畔右边明……

《步天歌》十分清楚地描述了星宿的方位。

郑樵通篇背熟《步天歌》歌诀后，特地于秋季的一个夜里，青天如水之时，到视野开阔的巨石上观察天象。但见碧空千里，星光闪烁。他按《步天歌》上的歌诀，每背诵一句，眼睛就凝视一星，只用三五个晚上，就把满天的星斗的位置牢记心中了。

现今夹漈草堂右侧的小山上，有一块巨石，名为“占星石”，传说就是郑樵当年观察天象的地方。

郑樵后来写《天文略》时，对歌诀作了解读，又引古代文献作注解。他指出《尔雅》所说的“河鼓”就是牵牛星，认为歌诀“东飞伯劳西飞燕，黄姑织女时相见”一句中，“黄姑”即“河

传说郑樵观测天象的占星石

鼓”，是由于语音讹误造成的。

郑樵还对《步天歌》中有图无歌的地方做了补充。如对天汉星补上歌诀：

天河亦一名天汉，起自东方箕尾间。
遂乃分为南北道，南经傅说入鱼渊。
开籥戴弁鸣河鼓，北经龟宿贯箕边。
次络斗魁冒左旗，又合南道天津湄。

歌诀朗朗上口，星空一目了然。

参与农事

郑樵在芗林山时，还多方参加农业实践，去田里插秧、耙田，到山上采茶、采药，给田间劳作的人送餐……无所不为。他写了不少叙事诗，记述自己参加农事的体验。

《负耒歌》记述山民出工，一路山歌连唱的欢乐情景：

烟冉冉兮雨纷纷，
负耒耜兮出柴门。
出柴门兮踏行云，
茫茫山色天未分，
相率歌吟兮乐耕耘。

《插秧歌》描述插秧所见，宛如一幅情景交融的有声水墨画：

漠漠兮水田，
袅袅兮轻烟。
布谷啼兮人比肩，
纵横兮陌阡。

《采茶行》生动描述春季清晨，踏着晓露上山采茶的过程与心愿：

春山晓露洗新碧，宿鸟倦飞啼石壁。
手携桃杖歌行役，鸟道纡回惬所适。
千树朦胧半含白，峰峦高低如几席。
我生偃蹇耽幽僻，拔草驱烟频蹑屐。
采采前山慎所择，紫芽嫩绿敢轻掷。
龙团佳制自往昔，我今未酌神先怿。
安得龟蒙地百尺，前种武夷后郑宅。
逢春吸露枝润泽，大招二陆栖魂魄。

诗中提及的“龙团佳制”指北宋福建建安出产的贡茶；“二陆”指陆羽、陆龟蒙，他们都是著名的茶家，陆羽著有《茶经》，陆龟蒙著有《茶书》。

《东山采药》记述采药时的所见所思。

一掬金丹向晚风，山前草木尽龙宫。
诗书便是神仙味，更笑行冲问药笼。

郑樵在参与农事活动的过程中，不但丰富了自然界的知识，还密切了同山民的关系，增进了感情。《饷馌歌》描述送饭田头的情景，反映郑樵体贴山民劳苦的心情。

提筐兮阡陌，
花红兮衣白。
步迟迟兮心迫迫，
行至止兮嗟于役，
低声相劳兮日其夕。

郑樵有时外出借书、办事返回，路过山家，就留饮共话桑

麻。《过桃花洞田家留饮》记述了一次做客情景：

偶从沼渚过山家，灼灼桃花噪暮鸦。
是处竹篱环草屋，人间鸡黍话桑麻。
抱琴静听涛声急，对酒闲观月色奢。
可笑南阳刘子骥，欲寻风土滞京华。

勤奋著述

郑樵立志要读天下书，通百家学。他的志向远大，脚步踏实。从越王山“南峰书堂”到芗林山“修史堂”，栖丘饮壑，珍惜寸阴，有计划有步骤地读书、著述，一个专题一个专题地攻坚克难。

郑樵的著述大体分为前、后两个阶段。前阶段在芗林山，主要以儒家的诗、史、礼、乐等典籍及相关的内容为主题，进行专题著述，按他的说法，就是“经旨之学”“礼乐之学”“文字之学”“天文地理之学”和“虫鱼草木之学”等几个专题的著述。

郑樵感到后人对孔子的学说，尤其是《诗经》与《春秋》，传授者都不能做到真传，而传授《诗经》的难度，在于讲明其中的鸟兽、草木的名称。为此他最先研究草木方面的知识，撰写了《本草成书》等书。

为了辨明、纠正汉儒讲解《诗经》《春秋》所鼓吹“美刺”“褒贬”之说的谬误，郑樵作《诗辨妄》和《春秋考》。他指出：“《诗》主在乐章，而不在文义；《春秋》主在法制，亦不在褒贬。”阐明了孔子编订诗、传的本意。

《尔雅》是中国辞书之祖，对于读懂经书中的天文、地理、草木、虫鱼等名物有帮助。由于《尔雅》是古书，古今名称往往不同，为此郑樵作《尔雅注》一书，为《尔雅》作了注释，对书中的错误作了改正，并将空缺的补上。他担心别人不能完全认识书中所说之物的形状，还在相应之处画图以清楚显示。

郑樵又作《天文志》《春秋地名》《类韵》《分音》《谥法》《乡饮礼》《系声乐府》等几十种书，从各个门类着手，对儒家典籍进行全面而深入的研著。

经专家考证，郑樵在芗林草堂期间，先后完成了经旨之学、礼乐之学、文字之学、天文地理之学、虫鱼草木之学等几大门类的著作，共有50种140卷之多。其中《书考》《书辨讹》《诗传》《诗辨妄》《春秋传》《春秋考》《春秋地名》《尔雅注》等，都是批判汉唐经师妄解孔子典籍的开创性之作，影响很大。可惜，这些著述现今仅有《尔雅注》（三卷）一书存世，其他均已失传。

郑樵在取得上述大批学术成果的基础上，开始酝酿撰写一部上自羲皇、下至五代的通史，这正是他治学著述的初衷和最终目标，这部通史就是之后的巨著《通志》。因此可以说郑樵一生的学术成就，是在芗林山中奠基的。

以书会友

郑樵深居芗林山中著述讲学时，他的名声却因其学术创新之说而广为传布。他的新论一反汉唐经学对儒学诗书典籍的曲解妄说，却又并非空言臆见、标新立异，而是信而有证，切合孔子本意，因此很有说服力，深受士林的欢迎，慕名前来听他讲学的与日俱增。

浙江永嘉县士人邱铎，听到郑樵的精辟见解，毅然辞谢两名朝臣推荐他去朝廷做官的好意，甘愿前往偏僻的兴化山中，跟从郑樵学习。

邱铎于绍兴十年（1140年）调任兴化县令。到任后爱民如子，礼贤下士。在任数月，百姓无忧无虑，尊称他“丘大老”，视为德高望重的人。任上，他建造惠爱桥，方便民众出行。郑樵筹建永贵桥时，邱铎急民所急，预借官府的资金支持建桥。邱铎秩满调任闽县知县之际，百姓感其恩德，破例建生祠塑像永作纪念。

郑樵为生祠撰写碑记，记述建祠的缘由，并高度评价丘铎的功绩和德操，称赞邱铎“爱惜民力，而无醉饱之心”，是“如玉如金的美君子”，说自己同丘铎相遇，是“我知有君，君知有我”的知心挚友、莫逆之交。

郑樵的著述，一旦完稿便广为流传，民间家藏户有，学童竞相背诵。当时身居福建的李纲、赵鼎、张浚、刘大中等名臣，也都看重郑樵的论著。每听说郑樵写出一本书，就派人前往抄写带回，先睹为快。

名相赵鼎因受秦桧迫害，贬为泉州知州。郑厚正好是他的下属，很受重用。因此赵鼎知道郑樵，也爱读他的书。郑樵同他们有着共同的政治理念，虽然身份高低悬殊，但并不妨碍他们以书会友。

郑厚出山后，依然关心郑樵的治学，他千方百计利用官场上的关系，推介郑樵的著述，助郑樵实现编修通史的宏愿。

绍兴十一年（1141年），张浚以资政殿大学士出知福州，兼火爆，是古代福州的一种民俗，用火烧爆竹竿，发声取乐。

任福建安抚使。适逢郑厚的同年、状元汪应辰贬谪通判建州（今福建建瓯），汪应辰特向张浚举荐郑樵为幕僚。除夕之夜，张浚邀请郑樵一同观赏“火爆”。张浚让郑樵赋诗助兴，郑樵即兴口吟一律：

驹隙光阴岁已残，千门爆竹共团栾。
烧成焰焰丹砂块，碎尽琅琅碧玉竿。
唤转韶光新景熯，避除恶魅旧时寒。
主人从此占佳瑞，再入为霖洒旱干。

张浚与李纲、赵鼎等人，都是反对秦桧“和议”投降而被迫害的中兴名臣，重新起用为众望所归。郑樵的诗虽是应制助兴之作，但三、四两联的双关语意，却是意味深长的。

张浚被贬谪达20年之久，直至绍兴三十一年（1161年），金帝完颜亮率军大举侵宋，直抵江北，威胁建康（今南京）与京都临安安全时，才再临危受命，得到任用。

郑樵在求书的过程中，也结识了方翥、林光朝、林霆等几位好友。他们无不是嗜书如命的博学、廉正之士。

方翥是白杜万卷楼主人方略的从弟。方略曾对他说：“以你的才性，不出门十年，可以把我的藏书全都移进胸中了。”方翥考中进士后，果然不去做官，而是闭门读书，整整花了16年时间才读完所有的藏书，学问精深，后来任秘书省正字。郑樵后来也到这里抄书，并同方翥成为好友。

林光朝是个精通儒学的大学问家，有“南夫子”之称。青年朱熹经过莆田，听了方翥、林光朝两人讲学后，心情激奋，夜不能寐。林光朝说自己对读书如同饮食一样，一日不得食就感到空虚，每当打开书卷，便觉得眼睛明亮、心中快意。后来他考中进士，历任中书舍人、国子祭酒等要职。林光朝听了郑樵对孔子编订的《诗》《书》的新观点，感到心开目明，特致书告诉郑樵，将择日相聚，并借新著拜读。他鼓励郑樵坚持为天下倡导新学说，而不必太在意他人的质疑。郑樵还让自己的儿子跟从林光朝学习。

林霆，进士出身，居官正直，精通《易经》象数之学，同郑樵是“金石交”。林霆藏书数千卷，都是自己亲手校正。他曾对子孙说：“我为你辈获取优质的家产了！”林霆曾经与秦桧同在太学而有交情，后为敕令所删定官。他反对“和议”，当面指责秦桧为保相位而不顾两位皇帝流落万里之外，说完就辞官而去。后来郑樵以诗赞颂他的正直与明智：

千载清风去不留，何人能伴赤松游。
乞骸直到骸归日，告老须临老尽头。
元亮园田何处有，向平昏嫁几时休。
湖州别驾发深省，挂却朝冠便自由。

遍访书楼

郑樵自小立志要读天下书，通百家学。由于自家祖上藏书不多，他就千方百计借书、抄书来读，访求图书始终是他的一项重要工作。有人估计，郑樵一生求书近千家、抄书数万卷。

宋代兴化军地区素有“文献名邦”之誉，“家贫子读书”“三家两书堂”成为一郡风俗，望族私家藏书尤为丰富。据统计，藏书万卷以上的书楼有十多家，藏书总数约有二三十万卷之多，为南宋全国私人藏书最富之郡。

博览群书是郑樵治学与著述的源泉与基础。在芗林山期间，他就多次外出寻访书楼，阅览、抄录藏书。据郑樵《通志略》记载，他曾经去过方氏望壶楼、方略万卷楼、谢洪经史阁、方万一经堂、方崧卿六一堂、方渐富文阁、方于宝三余斋等书楼，以及林霆、李氏、陈氏、僧家慧远、黄君俞、徐寅等人家中访求图书，还到漳州访求吴权及王棐后人、长乐潘佑后人等十多家藏书。其中一些书是连皇家也未收藏的珍本和善本。

传说一年夏天，郑樵下山到莆田延寿溪状元徐铎的万卷楼读书。他建议把藏书搬到场上晾晒，以防霉烂虫蛀，又叮嘱仆人将书脊朝下，书页向上排列开来，让微风翻动书页，以便接受日光的充分照射。郑樵跟随仆人后头，每摆好一册就快速阅读。如此三天，书楼的万卷藏书全部晾好，郑樵也阅读完毕，让主人惊叹不已。

郑樵在搜求图书过程中，十分重视对上古时代的鼎彝铭碣与图谱的收集记录。鼎彝，是古代的青铜祭器，上刻有文字；铭，是刻在器物上的文字；碣，是碑刻文字，统称金石文字。由于金石文字千古不朽，是了解古代历史的宝贵证物。图谱简约明了，无图就无法显示出天象的实况，无法显示地形的复杂状态，无法了解器具、衣服的样式，也不能识别花鸟虫鱼的形状，乃至无法分辨语音、文字的差别。为此他后来作的《金石略》，记载的鼎彝铭文860多件，石刻1570多件，并对图谱作了专题研究。《图谱略》收录了存世的历代图谱190多件，包括唐代长安、洛阳等地的多种地图，又收录了历代有名无物的各类图谱300多件。

郑樵自己说："十年搜访图书，竹头、木屑之积，亦云多矣。"估计他自己至少藏书万卷以上。当然，所谓"十年搜访图书"，不是说他用十年时间专门去求书，而是指在这十年期间，比较集中地外出求书、抄书。从他的治学历程看，这"十年搜访图书"主要是在芗林山居期间进行的。

长溪授学

郑樵在莆田访遍所有藏书家后，又到周边地区搜访图书。他在福州听说长溪县（今福建福鼎）人杨惇礼藏书丰富，于是前往探访。

长溪地处福州、温州的通衢大道上，杨家为世代望族、书香门第。杨惇礼是北宋崇宁五年（1106年）进士，历任泉州等多地教授，后转为监察御史。他一生刚介雅正，喜欢读书，时人称他"乃翁爱书书满楼，万轴插架堪汗牛"，可见藏书之富。郑樵在杨家一边阅览藏书，一边为杨家子弟授课，两全其美，食宿无忧。

郑樵授学地点在太姥山东麓的潋村（今福鼎太姥山镇潋城村）灵峰寺，乡人称他"夹漈先生"，称从学的生徒为"夹漈弟子"。名师出高徒，杨惇礼的孙子杨兴宗，是个学业最优的"高弟”。他于绍兴三十年（1160年）考中进士，成为杨家的第二位进士，历任铅山县（今属江西上饶）主簿、校书郎、湖广提举等职，颇有政声。郑樵在此授学，深受当地人的好评与尊重，直到明代，“夹漈先生”仍然为长溪人所景仰。长溪县府应县学士子的请求，把郑樵的像供奉在学宫里。

郑樵授学的潋村，位于潋水之畔，太姥山东麓纱帽峰下。青山如屏，碧水如带。发源于太姥山的蓝溪流淌而过，人们称它潋水。相传每年八月，水色变蓝，太姥染衣。居民专候此时取水沤蓝染布，颜色极佳。郑樵授课之余，流连溪畔，咏《蓝溪》一诗：

溪流曲曲抱清沙，此地争传太姥家。
千载波纹青不改，种蓝人果未休耶？

在蓝溪桥下，石壁坚融，一穴形如斧凿，泉水甘洌，终年不曾干涸，名为“蒙井”。郑樵应邀为蒙井题名，又写《蒙井》一诗：

静涵寒碧色，泻自翠微巅。
品题当第一，不让惠山泉。

诗中描述蒙井泉水清冽如碧，评定它的水质不逊于闻名天下的惠山泉，充分表达了对蒙井的喜爱，同时也流露出对治学境界更高的追求。

潋村的山水，记录了一代史家郑樵的足迹。长溪史志也留下了郑樵搜书授学、题井咏溪的佳话，表达了对郑樵教化育才之恩的怀念。

求书八法

郑樵搜访图书，目的是为了修史，而不是做藏书家。他一边求书抄书，一边读书著述，历经十余年，积累了极其丰富的资料，为日后编修《通志》做了扎实而充分的准备。

郑樵还通过搜访图书实践，总结了搜求图书的途径，名曰“求书八法”：

一是即类以求，即按书的门类，向从事该类的相关专业人员征求。

二是旁类以求，即向与该门类有关的人员征求。

三是因地以求，即按书籍内容或作者的地籍，从相应的地方征求。

四是因家以求，即向作者家族征求。

五是求之于公，即向官署征求。

六是求之于私，即向民间私家征求。

七是因人以求，即向与书籍有关的人士征求，如向某地任官征求该地的文献。

八是因代以求，即及时搜求近代的书籍。

郑樵还认为，为了求书，必须派遣专职求书之官，校正书籍的职任也必须专业。他认为想要使图书齐备、文物兴盛，校雠之官必须长久任职。

郑樵还发现，不少亡佚的古书，往往是“名亡而实不亡”，可以从相关的书籍中辑录；有的古书不出于当时而出于后代，可以从后世同类书籍中辑录亡书；古书散落于民间的不可计数，因此还可以到民间去搜求亡书。

为了管理、利用十余年来搜集的这些大量藏书，郑樵提出了一套以学科分类的图书分类法，即按照书籍内容所属的学科，分为12大类（经类、礼类、乐类、小学类、史类、诸子类、星数类、五行类、艺术类、医方类、类书类、文类）；每大类下面又分小类，小类下再分子目，共12大类、155小类、284目。他的这一方法突破了传统的经、史、子、集的四部书目分类法，实行按学科内容立类的原则，在图书目录学上具有开创性的意义。

第五章

京都献书历艰辛

郑樵完成大批专题著述后，担心自己与书俱亡，遂应诏赴京献书，聊表报国之心。几经折腾，终于诏藏秘府。郑樵同时上书宋高宗，祈请允许修史，以打破秦桧禁修私史的桎梏，但无回应。

朝廷征书

正当郑樵在芗林草堂埋头著述之时，国家先后发生了几件大事，对他修史产生了重大的影响。

宋代重视图书典藏事业。金兵攻陷汴京后，国家三馆、四库典籍被洗劫一空，私家藏书也不能幸免。南宋政权稍许稳固后，宋高宗就下令搜访遗书，许诺献书有赏。对私家的藏书，命人前去抄录；对卖书的就全部用钱收购。

绍兴初年，宋高宗听说北宋著名词家贺铸的子孙在苏州街上出售古书，便命令有关官署全部予以收购。后来又多次诏令，要求各路、各郡长官留心征集图书上进，对献书多的优加褒赏。

秘书省还编制阙书目录，张榜于检鼓院，以便外地臣民投献自己的藏书，并下发各州、军照应搜访。同时还制定奖赏规格，奖励献书的官员与百姓。凡官员进献秘阁缺书的善本，或达到二千卷的给予升官；士人免试授职，也可以听从个人意愿用钱奖励。各路监司、守官求访晋唐真迹及善本的也照此行赏。

朝廷的征书举动，对郑樵触动很大。立志以读书治学为事业的郑樵，深知图书的重要价值。他一面痛感兵火之下，文献所剩无多；一

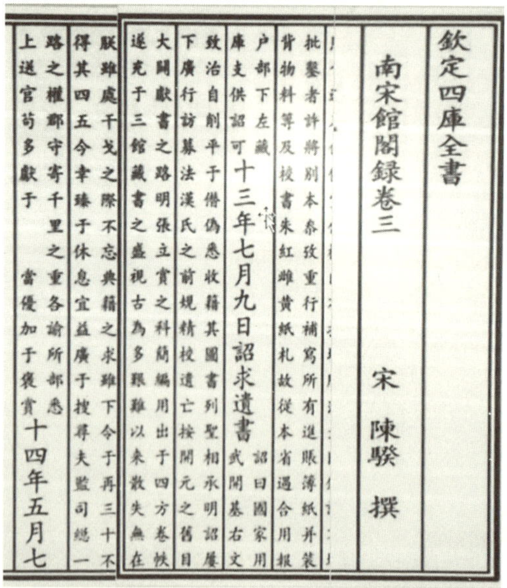
欽定四庫全書
南宋館閣録卷三　宋　陳騤　撰
批鑿者許將別本參致重行補寫所有進賬薄紙并裝
背物料等及校書朱紅雌黄紙札故從本省遇合用報
户部下左藏
庫支供詔可
十三年七月九日詔求遺書
詔曰國家用
武開基右文
致治自削平于僭偽悉收籍其圖書列聖相承明詔屢
下廣行訪募法漢氏之前規精校遺亡按開元之舊目
大闢獻書之路明張立賞之科簡編用出于四方卷帙
迄充于三館藏書之盛視古為多艱難以來散失無在
朕雖處干戈之際不忘典籍之求雖下令于再三十不
得其四五今幸臻于休息宜益廣于搜尋夫監司總一
路之權郡守寄千里之重各諭所部悉
上送官苟多獻于
當優加于褒賞
十四年五月七

宋高宗求书诏令书影

面又看到皇上留心儒学，笃志斯文，起用儒臣掌管史馆，历代典籍的收藏焕然可观，秘书省也年年勤于征集图书。自己虽然只是个田野小民，也想在这时为国家尽自己微薄之力，积极响应朝廷的征书活动。

于是，郑樵将自己十年搜访图书所得到的东南地区藏书资料，按照秘书省颁发的阙书目录，编纂了《求书阙记》7卷、《求书外记》10卷两部书。又汇总天下古今书籍，编纂《群书会记》36卷。这三部书基本上囊括了当时天下古今图书。

而在这之前，郑樵按照自己的治学计划，也已经基本完成了书目与图谱、金石文献的研究，撰写了《校雠备论》《书目正讹》《图书志》《图书谱有无记》《集古系时录》《集古系地录》等多部文献学的著作，郑樵称之为“讨论之学”“图谱之学”“亡书之学”。

秦桧禁史

秦桧不但是个推行与金朝和议的卖国大奸，也是个摧毁文化的蛮狠杀手。他害怕自己的丑行被载入史册而遗臭千古，于是指使任秘书监的儿子秦熺主持编修国史，不择手段删改官方的《日历》和《时政记》。其中自绍兴二年（1132年）秦桧拜相以来的诏书、奏章等，凡是稍有涉及秦桧的文字，就加以篡改或焚毁，致使《日历》《时政记》的记载亡失很多。而这以后的记录都是秦熺亲笔所写，塞进了许多吹捧秦桧功德的内容，从而丧失了借以稽考历史的价值。

与此同时，秦桧又查禁私史、野史，大兴文字狱。与郑樵同郡的莆田人黄公度，状元出身，时任左相的赵鼎十分赏识他的才华，破例授任为泉州节度判官。不久，赵鼎被秦桧贬逐为泉州知州，黄公度也在泉州任上滞留7年后才入朝任秘书省正字。谁知刚入朝不久，黄公度又因一封书信中有“将续山林野史，记朝阳之鸣”字句，被秦桧怀疑他要为赵鼎辩诬伸冤，就唆使党羽捕风捉影，以“私著野史，毁谤时政”的罪名把他罢职。

福建安抚司机宜文字官员吴元美，曾经作《夏二子传》，文云：“天命商以伐夏，是以伊尹相汤伐桀，而声其刻剥之罪。当是时，清商飙起，义气播扬，劲风四扫，宇宙清廓，夏告终于鸣条（在山西省运城）。二子之族，无大小长少，皆望风陨灭，殆无遗类。天下之民，始得安食酣饮，而鼓舞于清世矣。”本来吴元美是借伊尹协助商汤讨伐夏桀的古代历史事件，讥讽蚊子、苍蝇为祸，所谓“二子之族”是指蚊、蝇。有人却诬告吴元美“讥毁大臣”，又以吴元美家有潜光亭、商隐堂，罗织罪名曰：“亭号潜光，盖有心于党李（纲）；堂名商隐，本无意于事秦（桧）。”法寺迎合秦桧旨意，陷害无辜，判吴元美“指斥国家，讥毁大臣，以快私忿，法当死”。虽然皇上特予宽恕，仍被除名贬谪边州而死。

秦桧党羽又称浙江会稽（今浙江绍兴）“士大夫家藏野史，以谤时政”。有个叫李光的藏书家，为了躲避秦桧的文字狱，把家中一万多卷藏书全部焚毁。

秦桧对文化的摧残，同宋高宗的诏令征书行动形成鲜明对比。禁修私史的政令，成为郑樵修史的一大顾忌，他面临着极大的政治风险。

拒绝受官

面对宋高宗的重文思想及多次征书诏令，秦桧为了掩盖其摧残文化的行径，指使秦熺，于绍兴十七年（1147年）二月奏请给当时民间的几位学术名士授官，包括请以太常博士葛立方、太学正孙仲鳌二人为秘书省正字，兼编定书籍官，以诸王宫大小学教授林大鼐（福建莆田人）、叶琪兼秘书省校勘书籍官，希望借以猎取"崇尚学术，延揽人才"的美名。

次年，秦熺仍以学术的名义，提请授予郑樵迪功郎之官。按南宋官制，自开府至迪功郎凡37阶，迪功郎是最低的一级官阶。官位虽然低，但表明他的学术成就已得到官方的认可。不过，郑樵志在治学修史，无意做官，同时也鄙视秦桧父子的行径，因此没有接受这项任命。

上述几件事令郑樵亦喜亦忧。朝廷征书，正可以自己十年搜访图书的成果呈献国家；秦桧禁修私史、大兴文字狱的恶行，却成为自己修史难以跨越的政治障碍。郑樵为此忧心忡忡，寝食难安。

不幸的是，郑樵在这期间又接连遭受重大的家庭变故，胞弟郑槱、爱子郑愓与妻子陈氏先后病逝，郑樵在家庭生活与精神上受到沉重的打击，他自叹是"唯余老身，形影相吊"。

然而，最让郑樵感到忧虑的是自己治学、修史的前景。大半生勤奋治学所创立的学说，没有弟子来传承；呕心沥血写成的数十种著作，也无法藏之名山石室、流传后世。一旦自身突然像朝露一样消失，那么此书与此身就都要填进沟壑、腐朽消失了。

郑樵经过缜密的考虑后，决定以朝廷征书为契机，进京献书。这样一来，不但可将已完成的著作藏于秘府，不愁虫蛀腐朽，更可世代流传；既解除个人之忧，也有用于世间，并借以表达自己报国之心。他还打算借献书之机，上书高宗皇帝，祈求对自己修史的认可，破除秦桧设置的禁修私史的障碍。

这是一个既大胆又有现实条件的行动计划，显示出了郑樵的智慧与勇气，及其对治学修史事业的执着追求。

于是，郑樵把自己30年来的治学成果进行了全面整理，将其中已经完成的18部140卷书稿誊写了一份。然后又认真地撰写呈送高宗皇帝的表书，扼要奏报30年来立志读书著述的经历及成果，表达献书效国的赤诚之心。同时他希望皇帝陛下赐旨允许他整理未完成的书，以便继续上进。这篇表书，后人称它为《献皇帝书》。

《献皇帝书》

郑樵的《献皇帝书》全文如下：

正月十一日，兴化军草莱臣郑樵，昧死百拜，献书于皇帝陛下。

臣本山林之人，入山之初，结茅之日，其心苦矣，其志远矣。欲读古今之书，欲通百家之学，欲讨六艺之文而为羽翼，如此一生，则无遗恨。忽忽三十年，不与人间流通事。所以古今之书，稍经耳目；百家之学，粗识门庭。惟著述之功，百不偿一。不图晚景，复见太平，虽松筠之节，不改岁寒，而葵藿之倾难忘日下。

恭惟皇帝陛下，诚格上下，孝通神明，以天纵之圣，著日新之德。君臣道合，一言而致中兴，自书契以来，未之闻也。臣窃见兵火之余，文物无几。陛下留心圣学，笃志斯文，擢用儒臣，典司东观。于是内外之藏，始有条理；百代之典，焕然可观。臣伏睹秘书省，岁岁求书之勤，臣虽身在草莱，亦欲及兹时效尺寸。

顾臣究心于此，殆有年矣。今天下图书，若有若无，在朝在野，臣虽不一一见之，而皆知其名数之所在，独恨无力抄致，徒纪记之耳。谨搜尽东南遗书，搜尽古今图谱，又尽上代之鼎彝，与四海之铭碣。遗编缺简，各有彝伦；大篆梵书，亦为厘正。于是提数百卷自作之书，徒步二千里来趋阙下，欲以纤尘而补嵩、华，欲以涓流而益沧海者也。

念臣困穷之极，而寸阴未尝虚度。风晨雪夜，执笔不休，厨无烟火，而诵记不绝。积日积月，一篑不亏。十年为经旨之学，以其所得者，作《书考》，作《书辨讹》，作《诗传》，作《诗辨妄》，作《春秋传》，作《春秋考》，作《诸经略》，作《刊谬正俗跋》。三年为礼乐之学，以其所得者，作《谥法》，作《运祀议》，作《乡饮礼》，作《乡饮驳议》，作《系声乐府》。三年为文字之学，以其所得者，作《象类书》，作《字始连环》，作《续汗简》，作《石鼓文考》，作《梵书编》，作《分音》之类。五六年为天文地理之

学，为虫鱼草木之学，为方书之学。以天文地理之所得者，作《春秋地名》，作《百川源委图》，作《春秋列国图》，作《分野记》，作《大象略》；以虫鱼草木之所得者，作《尔雅注》，作《诗名物志》，作《本草成书》，作《本草外类》；以方书之所得者，作《鹤顶方》，作《食鉴》，作《采治录》，作《畏恶录》。八九年为讨论之学，为图谱之学，为亡书之学。以讨论之所得者，作《群书会记》，作《校雠备论》，作《书目正讹》；以图谱之所得者，作《图书志》，作《图书谱有无记》，作《氏族源》；以亡书之所得者，作《求书阙记》，作《求书外记》，作《集古系时录》，作《集古系地录》，此皆已成之书也。

其未成之书，在礼乐，则有《器服图》。在文字，则有《字书》，有《音读》之书。在天文，则有《天文志》。在地理，则有《郡县迁革志》。在虫鱼草木，则有《动植志》。在图谱，则有《氏族志》。在亡书，则有《亡书备载》。二三年间可以就绪。如词章之文、论说之集，虽多，不得而与焉。

奈秋先蒲柳，景迫桑榆，兄弟沦亡，子姓亦殇。惟余老身，形影相吊。若一旦倏先朝露，则此书与此身俱填沟壑，不惟有负于平生，亦且有负于明时。谨缮写十八部、百四十卷，恭诣检院投进。其余卷帙稍多，恐烦圣览。万一臣之书有可采，望赐睿旨，许臣料理余书，续当上进。微臣遭遇右文之世，宁无奋发之情？使臣得展尽底蕴，然后鹤归蕙帐，狐正首丘，庶几履陛下之地，食陛下之粟，不孤（辜）为陛下之一民也。仰冒天威，伏惟圣慈，特赐睿览。臣无任瞻天仰圣，激切屏营之至。

臣樵昧死百拜进。

郑樵的《献皇帝书》，简述了自己身世与献书缘由，介绍了30年来的著述经历及学术成果，表达了献书的感激心情与继续修史的请求。

《献皇帝书》犹如一篇精彩的陈情表，是我们了解郑樵治学生涯及其艰苦努力精神的珍贵文献。

临安献书

绍兴十八年（1148年）十月，郑樵携带新著的18部书，满怀激情踏上进京献书的征途。兴化至京都临安（今浙江杭州）有两千里路程。由于家境困难，他没钱雇车船乘坐，只能徒步赶路。由闽北进入江西再往浙江，每日至少要走四五十里路程，还携带18部书，路途之艰辛可想而知。

为了实现自己的治学目标、人生追求，郑樵豪情满怀，一路上跋山涉水、风尘仆仆，向京都临安进发。

历经两个月，受尽旅途之苦，郑樵终于在十二月到达了京都临安。这时已近年关，京都士民一片欢乐喜庆，郑樵却背井离乡、孤身一人栖身于京都的小客店里为怎样把书献上而犯愁。于是沽酒消愁，度过了一个凄凉的春节。

为了尽早把书献上，郑樵等不及过元宵节，十一日一早就带上书前往投献。

鼓院，古代帝王为直接听取谏议或冤情，包括接纳进献奇方异术，特于朝堂外面悬鼓，允许上章投状的臣民登门击鼓进奏，故称“鼓院”。

当时朝廷设置了几个专门的官署，作为臣民向皇帝投状的办事机构。郑樵是山林布衣，朝中无人，不太清楚官署的职能分工，又无处咨询、无人引导，于是只好先到鼓院击鼓投状。

鼓院既然是专门管理臣民呈送皇帝奏章的官署，郑樵响应朝廷征书，并要向皇帝上状书，到这里投献是对路的。不料未被接纳，而是让郑樵去登闻鼓院（简称“检院”）投献。

检院也是掌管文武官员及士民章奏表疏的官署，凡是被鼓院拒绝受理的就到检院投状。于是郑樵又马不停蹄地赶到检院投献。可是，依然不能把书献进。

郑樵满腔热情，不远千里赴京献书，由于朝中无人，奔波于鼓院、检院之间，折腾了将近半年时间。直到五月初，依然不得其门，心中焦虑万分。

然而，郑樵是个意志坚定、不畏艰难的人。既来献书，就必须设法把书献上。如献不上书，修史就无法得到朝廷的认可，也很难继续进行下去。郑樵反复权衡利弊，最后决定孤注一掷，把书拿到丞相府一试。这是个迫不得已的去路。

五月十三日一大早，郑樵就到丞相府投献。不意绝处逢生，居然得到指令：把书送往秘书省投纳。他苦等半个月后，于五月二十七日又得到秦桧提书上送审阅的指令，郑樵总算是把书投进去了。

不过，郑樵一直等到年终，才等到了佳音：宋高宗诏令将书收藏秘府。于是，秘书省很快将郑樵所献的书汇总清点后全部交由秘府收藏。

郑樵差不多用了一年又两个月的时间，历经奔波折腾之苦，才走完了艰难曲折的献书历程。

郑樵献书诏藏秘府，表明朝廷对他前阶段治学成果的肯定。这对郑樵无疑是个很大的鼓舞。他精心撰写的《献皇帝书》应当是呈送到高宗手上，否则就不会有“诏藏秘府”的良好结局。只是郑樵所期望的高宗赐予“睿旨”，允许他继续料理余书继续上进，却一直没有回应。

第六章

坚志求变为圆梦

编修《通志》是郑樵心中之梦。为了排除禁修私史的障碍，他不得不直接向秦桧上书，请求解禁避险。为了圆梦，他苦守空山，韬晦自励，咏诗述怀，坚志求变。为了圆梦，秦桧一死，他便上书高宗，获准编修《通志》。

心中之梦

郑樵完成献书后，便马不停蹄地赶回兴化，重返芗林草堂，恢复中断了一年多的治学事业。

芗林山的草堂依旧，而郑樵的心态却不一样。献书诏令秘府收藏的消息不胫而走，慕名上门从学的达200多人。

郑樵更有信心、更加勤勉奋发地治学著述。他白天讲学，夜晚挑灯整理资料，操笔著述，抓紧在两三年内完成手头的天文地理、虫鱼草木、图谱及文字、图书文献等一批专题著述，同时为下一阶段开编《通志》做准备。

正当此时，老母不幸因病逝世。至此，郑樵真正是形单影只、孤身一人了。他忍悲含痛，一边庐墓守孝，一边坚持治学，著述始终没有停止。

编修《通志》，是他魂萦梦绕的第一要事。

历经30多年的艰苦努力，郑樵已基本上完成了经旨、礼乐、天文地理、虫鱼草木、图谱、金石和校雠等8个门类的著述，为编修集天下之书为一书、会通百家之学为一家之言的《通志》打下了坚实的基础。

上书宰相

对编纂《通志》的事，郑樵在《献皇帝书》中只是委婉地请求宋高宗赐旨，允许他继续料理未完成的书，但未获得明确的应允。在秦桧禁修私史的高压下，没有朝廷之命是不敢贸然动笔的。对此，郑樵很是清醒，但对如何破题却颇感棘手，为此他彷徨了近两年。

鉴于献书时正是通过秦桧的宰相府，才打通了投纳之门，使18部著作得以被收藏秘府。尽管郑樵心里厌恶秦桧弄权卖国，但要想突破其禁修私史之令，解铃还须系铃人。郑樵权衡利弊后，毅然决定上书秦桧，请求朝廷允许并支持他编修《通志》。

绍兴二十一年（1151年）十一月十二日，郑樵上书秦桧。

郑樵说，自己虽然只是天地间一穷民，但并不怨恨什么，因为能以一介布衣之士，见尽天下之书，识尽先儒经典的深奥含义。山居30年，著书千卷。虽然所得良多，但心里仍有3件事难以放下。

一是自己暮年孤身一人，著述虽有成就，但既无子弟可传，又无名山石室可藏，因而担忧人死书亡。去年幸受关爱，得以向秘书省投纳，不再担心它蒙尘蠹朽，可以百代无忧了。

二是国家文物在兵火之后荡然一空。朝廷征书，使儒学不至于中断。郑樵生于此时，奋力搜访整理图书，主动报效国家，把所得的东南之地的图书、古今图谱、金石文献等，全部陈列在相公面前。秘府收进了他献的书籍，这让他又圆了一个心愿。

三是关于编修通史的事。这是郑樵上书的重点。他详细论述编修通史的体例，请求宽恕擅修私史的罪名，并希望援例安置闲职，借以资助生计，也可博览皇家的藏书，以利修史。

郑樵从古代学术的源流上，论述会通修史的重要意义。指出："天下之理，不可以不会；古今之道，不可以不通。会通之义大矣哉！"又以孔子、司马迁编书为例，指出他们两人都是会天下之书为一书，上通于尧舜，旁通列国，使天下之书不丢失，世代的统绪不断绝。

郑樵还以班固等人编修的断代史为例，认为他们仅据一代

之史，不能通前代之史；仅以一书为本，不能会合天下之书而修史，致使后代与前代之事不能互相因依。又用“水不会于海则为滥水，途不通于夏则为穷途”的道理，论说会通的意义。他认为宋朝中兴以后，不可以没有编修史书所需要的文本，不可不依据孔子、司马迁的会通之法来修史。郑樵所说的“会通”，就是会集天下之书为一书，融会贯通诸家学说，而自成一家之言。

郑樵在信中表达了自己会通修史的坚定志向，并具体说明了修史计划。他说，今年整理文字，明年开始修史（《通志》），如果无病不死，纸笔不缺乏，远则五年，近则三年，就可以成书。书的内容，上自羲皇（三皇五帝），下至五代（五代时期），集天下之书为一书，但不采用虚言空论一类的书籍。此书虽是继承司马迁的《史记》，但凡例不同，自有成法；也不采用其他史书的体例，不蹈袭前人的修史做法。

郑樵推心置腹地诉说盘结心中已久的顾虑。他说，自己虽是山林野人，但言论文句已经散落在人间，甚至在文章构思时就已经被人知道，书还没有写完就被人传抄出去。况且30年著书，10年搜访图书，大大小小的图书资料也积累很多了，将来有一天修史时正好可以用上。然而学问事业成功很难，但风波却很容易发生。一旦有人误传，说自己擅自编修史书，那灾祸就将降临我的身上，到那时将无我的容身之所了！

郑樵在信中还恳切提出，希望参照本朝福州人陈烈、楚州（今江苏淮安）人徐积与泰州（今江苏泰州）人胡瑗的事例，能够获得一项官职或是本州教授，稍许沾光一点俸禄，借以安定生活。或者援引唐代聘任蒋乂、李雍的事例，以布衣的身份入朝，给予集贤馆的小职，或者校雠书籍的闲职，这样便可以博览皇家的藏书。郑樵并不是要做官，而是想借以获得必要的生活保障，以便全力以赴修史。

郑樵是个熟知世间人事、阅尽古今贤人志士沉浮穷达之变的人。他在信中表示，自古圣贤都不能奈何天命，我郑樵岂敢怨天尤人？然而，著述之事，却可以受人为的掌控，不能因贫穷或显达而放弃著述。

是的，不管什么情况，郑樵编修《通志》之志，永不言弃。

《上宰相书》全文近2000字，核心内容就是论述会通修史的主旨及书的体例。同时郑重其事地提出，希望避免所谓“擅修国史”的嫌疑，消除政治风险。

郑樵的《上宰相书》，通篇洋溢着对修史事业的热爱和学术自信，是后人研究郑樵生平著述及其史学思想的第一手史料。

五辞举荐

郑樵上书秦桧后，自知若能得到批复实属万幸。因此依然一面守孝，一面整理已有的资料，为编修《通志》作准备，以积极的心态待机而起。

自郑樵的著述诏令秘府收藏后，他隐身山林、著书千卷的事迹及其才华德行，在官场也为越来越多的人所知。

朝廷六部来闽巡察督办的使臣，听到郑樵的事迹和德才后，曾经先后三次以“孝廉”（指忠孝廉洁之士）、两次以“遗逸”（即隐士）的名义，向朝廷推荐郑樵。

然而，郑樵志在著述，无意做官，因此都没有就任，如同几年前辞绝秦熺荐授迪功郎的官职一样。他在《上宰相书》中请求安排文教闲差小职，也只是想借名领取一点俸禄，安定生活，以便专注完成修史而已。

朱熹造访

当郑樵应诏赴临安献书，宋高宗诏令将书收藏秘府之时，19岁的青年朱熹刚刚考中进士。此时的朱熹正在拜师研习儒学，3年后才入都铨试，授迪功郎、泉州同安县主簿，于绍兴二十三年（1153年）五月赴任。

朱熹曾经读过郑樵解说儒家典籍的著作《诗辨妄》等，对郑樵批判汉代经学家强加于《诗经》《春秋》的所谓的“褒贬说”，斥之为“欺天”“欺人”的“妄学”，虽然不敢苟同，但对其精详的辨析论证，又不得不佩服。后来朱熹在自著的《诗集传》一书里，就采用了郑樵《诗辨妄》的观点。

传说朱熹途经莆田时，特地前往芗林山拜访著书成名的郑樵。他一路骑马抵达越王山麓后，弃马上山，一步一步地攀登到郑樵的芗林草堂。

两人一见如故，开门见山，探讨儒学，谈论甚欢。朱熹还递上书稿恭请郑樵斧正。

夹漈草堂现有一副对联：“鸢飞鸟窟地，鱼跃水中天。”此联蕴含着诗境理趣，据说就是朱熹留题的。此外，传说“云礽会吾竹，山斗盛文章”也是朱熹所题，赞颂老前辈郑樵的文章为世人所崇仰。其实，朱熹来访时，郑樵正居住在芗林草堂，而夹漈草堂是五六年后才建的。

吟诗抒志

郑樵在芗林山守孝及后来的几年里，虽然困难重重，但他始终刻苦自励，从未懈怠过。

他独自坚守寂寞的空山，忍受着天寒霜冻。尽管生活极其清贫艰苦，但他志在长远，厌恶一时之名利，以古人运瓮搬柴的心态励志，激励自己要珍惜光阴，勤奋著述。

郑樵作《漫兴》十首，记录了他在芗林山中清苦的日子及其韬晦自励的心迹。

野鸟日啼户外，凉风时入帘间。

老夫梦后攲枕，稚子病中解颜。

本诗反映郑樵对病故稚子的思念之情。

陋巷颜回早死，柴桑陶令长生。

达观千载儿戏，厌见一时名利。

郑樵借典述怀，认为千年历史如同一场儿戏，因此他毫不在乎一时的名利。在芗林山中，郑樵始终保持一种淡泊、达观的良好心态。

门前半亩禾苗，日午翠色可描。

笑问耦耕沮溺，何劳蓑笠终朝？

“耦耕”本指二人并耕，后泛指农事或务农。“沮溺”是传说中春秋时楚国两个隐士长沮与桀溺，后人借指避世隐士。蓑笠，蓑衣与笠帽，是樵夫与渔民的遮风挡雨用具。本诗反映郑樵著述之余，参加农事时所见所思。

今古去来有数，乾坤阖辟无涯。

人生行云流水，处世运瓮搬柴。

乾、坤是八卦中的两卦，代表天地。运瓮、搬柴是家居常事，人须在瓮外才能搬运。本诗说，天下之事，必须摆脱流俗才能做好。郑樵修史正是这样，不蹈前例，以“自得之学”成“一家之言”。

初秋一雨新凉，子夜长吟未央。
阶下花枝冷艳，堂前佛火微茫。

壶山八面苍翠，兰水一泓涟漪。
容我放歌问渡，凭谁拄杖支颐。

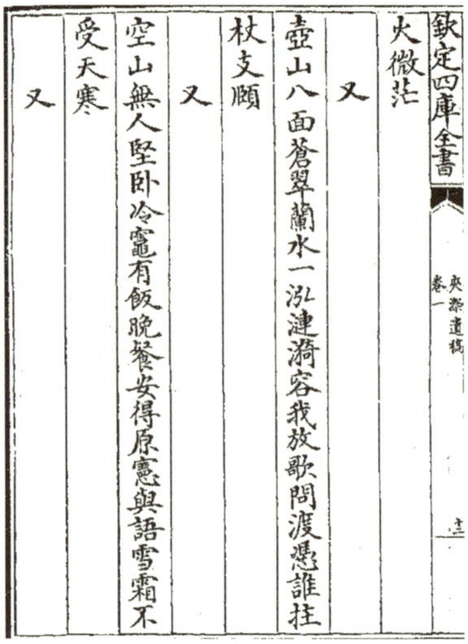
欽定四庫全書　夾漈遺稿　卷一

火微茫
又
壺山八面蒼翠蘭水一泓漣漪容我放歌問渡憑誰拄
杖支頤
又
空山無人堅卧冷竈有飯晚餐安得原憲與語雪霜不
受天寒
又

《漫兴》诗书影

以上两诗，记述他子夜吟诗、支颐思考的情景，以及对故土的热爱之情。“支颐”就是用手支托面颊。

空山无人坚卧，冷灶有饭晚餐。
安得原宪与语，雪霜不受天寒。

花下闲倾浊酒，人前莫道清贫。
残生全无奢愿，岁月徒倚竹筠。

以上两首说，生活虽然清贫，吃冷饭、喝浊酒，天寒受冻。但余生除了著述外全无奢望。要始终像原宪一样贫不改志，像山上的竹子一样挺拔、坚贞。原宪是孔子的弟子，出身贫寒，生活清苦，却安贫乐道。

临水时思下钓，闭门聊学吞膻。
一身苦乐无定，万事安危有天。

邻沽数盏微醉，坦腹北窗短眠。
风送松涛聒耳，惊回梦蝶翩翩。

郑樵以钓鱼、吞膻比喻人的苦乐无常，感叹“万事安危有天”。“吞膻”就是忍腥吞食，与“啮雪”一样被视为苦事。诗中又借庄子梦蝶的故事，说明人们如能打破生死、物我的界限，就会同蝴蝶一样，翩翩飞舞，自得其乐。以上两诗反映郑樵对人生的思考。

郑樵山居芗林，心系天下，忧国忧民。一个寒冷的雨夜，郑樵辗转难眠。为国家的安危，同时也为编修《通志》的心愿能否实现而深感忧虑。于是赋诗抒怀：

夜雨潇潇至，天寒拥敝裘。
空床听幻响，独咏解深忧。
次第园蔬润，参差渔火幽。
长江风浪急，何日放舟游？

末句意思是说，长江军事形势紧急，不知何时能平静下来放舟一游呢？

绍兴二十四年（1154年），郑樵守孝期满后，续娶游氏，时年51岁。从此日常生活也有人照料了，郑樵再无后顾之忧。第二年，次子翁归出生，无疑给家庭增添了欢乐和生机。

近臣举荐

绍兴二十五年（1155年）十一月，弄权乱政、卖国投敌的奸相秦桧病死。南宋朝廷自此有了一线生机，多年来被秦桧迫害贬逐的重臣也复职回朝。困扰郑樵多年的私人修史顾忌，从此彻底解除。

其实，郑樵的著述早已为朝野有识之士所赏识。尤其他的书被收藏秘府后，更是受到士人的推崇。只因秦桧一手遮天，禁修私史，众人均不敢公开议论，只在私下流传称许而已。

绍兴二十七年十一月，王纶、汪应辰、贺允中等4人，先后向宋高宗进状，推荐郑樵。

王纶，南宋建康（今江苏南京）人，字德言。绍兴进士，历

任诸王宫大小学教授兼权兵部郎官、监察御史等职。他因不从秦桧意旨被罢职。秦桧死后，他被起用为起居舍人、崇政殿说书兼权礼部侍郎、中书舍人，为高宗进讲《春秋传》，后升任同知枢密院事。他的推荐状说：

> 兴化军进士郑樵，耽嗜坟籍，杜门著书。顷年尝以所著述献之朝廷，降付东观。比闻撰述益多，恐必有补治道。终老韦布，可谓遗才。望赐召对，验其所学。果有可取，即乞王蘋、邓名世例施行，庶学者有所激劝。

汪应辰，初名洋，字圣锡，信州玉山（今属江西上饶市）人。他是绍兴五年（1135年）状元，与郑厚同榜。高宗特书《中庸篇》赐他，又赐名应辰。他为宰相赵鼎所器重，授镇东军签判，召为秘书省正字。时秦桧主和议，汪应辰上疏主张抗金，力言“因循无备、上下相蒙、不明敌势”的危险，违背了秦桧意旨，被贬为通判建州（今福建建瓯）。秦桧死后，他被召为吏部郎官，除秘书少监，迁权吏部尚书、权户部侍郎兼侍讲。其举荐状说：

> 臣闻舜之所以为大圣者，以其闻一善言，见一善行，若决江河，沛然莫之能御也。恭惟陛下，与人为善，如舜之德。凡为臣子者，宜仰体圣意，有所见闻，皆以献之于上，况臣蒙恩特厚，尤不宜以疏远自外。
>
> 伏见福州寄居郑樵，自少笃学，无他嗜好。年逾五（七）十，称道不倦，所著《六书本义》，明古人制字之意，皆有证援，疑者阙之，不为强说，足以辨近世儒者私意穿凿之失。又有《诗传》，其考究精密，多先儒所未悟，推测经旨，简易明白。伏望圣慈，令福州取索，缮写投进，庶几一经圣鉴，必有取焉，亦足以慰其记事纂言之勤。

话说郑樵从兄郑厚，因为不赞成和议路线，又是赵鼎荐举的，因此在广东茶盐干办公事任上10年没有升调。直到秦桧死后，才被起用为昭信军（治所在今江西赣州）节度推官，后改任湘乡（今属湖南）知县。他对郑樵修史始终竭力支持，利用官场上的关系奔走呼号。汪应辰奏请高宗召见郑樵，可能就有郑厚的促使之力。

贺允中，字子忱，眉州（今属四川）人。政和五年（1115年）进士，历任颍昌府（治所在今河南许昌）教授、国子监、宗正寺丞、秘书省著作郎等职。高宗时自吏部侍郎除参知政事，后又除知枢密院事兼参知政事。绍兴九年（1139年），为福建路转运副使，因不愿阿附奸相秦桧，被改为提举宫观闲职。秦桧死后才得以起用，任吏部尚书兼侍读。

4名近臣的荐言很快得到高宗的采纳，于是诏命郑樵进京。

目睹印有鹤头图案的精致诏书，郑樵老泪纵横，激动万分。自从宋廷南渡后，由于时局变迁与秦桧弄权乱政，朝廷已有20多年没有聘用民间儒士。郑樵突然收到皇帝的特别诏令，为时人所赞。

郑樵深知此行的首要任务是乞请高宗皇帝允许他纂修《通志》。于是他精心撰写了一份《修史大例》，简要说明编修《通志》的体例，以便提交皇上阅览知情，并把已经写成的著作书目另编一册，名为《夹漈书目》。

草泽上殿

绍兴二十八年（1158年）二月，郑樵启程赴临安。此行为公事，一路上享用官府驿传接送，马不停蹄地抵达京都临安。高宗

皇帝在迩英殿召见了郑樵。

郑樵面奏说："微臣身居山林30多年，探讨古今典籍，撰写成书。分为小学类、经旨类、礼类、乐类、校雠类、谱系类、天文类、地理类、名物类、方书类等10类，共50种，都已经成书。没有写成的这部书，臣选取历代的史籍，从三皇时代开始，至五代为止，连贯会通为一书，名叫《通志》。此书将参照采用司马迁的体例，然而又不同于司马迁的写法。现摘抄它的要览十二篇，命为《修史大例》。而其他已经写成的书稍多，恐陛下未能一一辨识，现有目录一篇，名为《夹漈书目》。"

高宗高兴地收下这两本书，问道："《资治通鉴》的全本太繁多，节本又太简单，怎样使它繁简适中、便于翻阅呢？"又问："司马迁的《史记》，囊括成一部书，它的精要之处就在于十篇《表》，为什么学者不懂得他的用心呢？"

郑樵回奏说："学者把《通鉴》与《六经》并列，老师儒都没能力议论其得失。班固的《汉书》距司马迁不远，就已经不明白十篇《表》的用意了，后生晚辈又怎能懂得司马迁制《表》的用心呢？"

于是郑樵进一步论述，自班固以来，断代编史的体例，全都失去班彪（班固父亲）、司马迁写作史籍的本意，也失去了孔子编订《诗》《书》时增删相因的道理。

高宗听后说："早就听闻贤卿的大名了，你致力于详细阐述古代学说，自成一家之言。朕真是相见恨晚啊！"

一番问答，便是十几刻时间过去了，郑樵于是告辞请退。

高宗说："听见贤卿这样高明深远的议论，朕早已忘记了疲倦。"

高宗一向喜欢读史，平时每日午后必读《春秋》《史记》，晚上读《尚书》，尤其喜爱《春秋》。他还安排经筵为他讲读《资治通鉴》，节假日也不间断。因此饶有兴趣地同郑樵深谈历史。

郑樵极力请求返回山里治学，说："臣子是麋鹿的天性，终身热爱山林。"

高宗说："卿宜当等待，朕将有处置的。"

这场对话，从早晨一直延续到下午，可见两人谈论得很投机、很深入，也很有成效。

不久，高宗特下诏令，授郑樵右迪功郎，主管礼兵部架阁文字。高宗还下旨郑樵所著《通志》由官府供给纸笔，以便编修抄写进呈。

授官文告《授兴化军苇衣郑樵迪功郎诰词》，全文如下：

奉天承运，皇帝敕曰：兴化军布衣郑樵，朕兴学校，崇选举，以网罗天下之士，犹惧有怀才抱艺遗逸于山林者。比因近臣引荐，赐命召尔以苇衣对于便殿。敷陈古学，自成一家，可以授官，庸示激劝夫学行之士也。尔既力于学，以朕将于此观尔有行焉。授尔右迪功郎，尔宜钦之！绍兴二十八年二月三十日下。

授郑樵迪功郎诰词

宋高宗召见郑樵，高度评

价了郑樵的治学成就，并完全满足了他梦寐以求的编修《通志》的愿望，为其修史铺平了道路。

为此，郑樵对高宗满怀感恩之情。几年后，他对自己在迩英殿陛对的情景，依然历历在目，他回忆说：

> 恭惟陛对之晨，曲尽宸衷之照。天颜咫尺，玉韵铿锵；平常言语，自成文采，如彼《典诰》，不假雕镂。所谈之经，皆非先儒所能论之经；所谈之史，皆非先儒所能著之史。是日，延英之漏甚久，宣室之席屡前。但觉鼯鼠之技穷，罔测云龙之神化。自古帝王之负学术，未有如此之高明；从来草茅而见至尊，未有如此之委曲。

文中生动地描述了陛对的场景和自己的恩遇感受，虽不免有某些恭维之语，却真实地反映了宋高宗重文敬贤、明于学术的儒雅风度。

授官风波

深宫至尊同草泽史才面谈历史，并称许郑樵治学成就，成为一时盛事，四海传闻。

湘乡知县任上的郑厚闻讯，赠诗曰：

别墅生涯富古今，凝旒梦卜苦追寻。
一封细札三家布，万卷新书四海心。
北阙龙吟清昼永，东皋猿啸白云深。
满怀经济今休靳，闻道养生渴传霖。

诗的大意是，郑樵深居草堂，治学、著述生涯雄富古今，他正是帝王梦中苦心寻求的贤才。一封精致的诏书，通过中书省、门下省、尚书省三省发布。郑樵的万卷新书，牵动四海的人心。来自东部山区的布衣，同深宫的帝王进行长时间的对话。现在不可吝惜满怀的经世济民的治国才能，一定要为干渴的人民传来滋养的甘霖。

然而，事态的发展并不尽如人意。

宋高宗授予郑樵的官职，为文官序列中最末的一级，职务也不过是掌管礼、兵二部的档案事务而已。不料却遭到御史叶义问的弹劾。

叶义问本是个居官正直、不畏强势的清官。他早年任临安府司理参军时，曾上书检举宰相范宗尹的奸诈行径。其后在江宁县（今属江苏南京）知县任上，他不畏权势，一视同仁地指派秦桧的亲信服劳役。后来通判江州（治所在今江西九江）任上，他又严词拒绝按照秦桧旨意陷害豫章（治所在今江西南昌）太守张宗元，以致被罢职。

秦桧死后，高宗召回叶义问。他进言："对秦桧的死党，宜当全部罢免驱逐；因言论得罪秦桧的人，应当给予复职。"高宗提拔他担任殿中侍御史要职。枢密使汤鹏举仿效秦桧，培植死党安置到御史台，还滥用职权清除异己。叶义问连续上章弹劾汤鹏举说："一个秦桧死去了，又出来一个秦桧！"结果，汤鹏举与秦桧的余党都被罢免。叶义问升任侍御史，成为御史台的长官，后来又升任吏部侍郎，拜同知枢密院事。

由此可见，叶义问是个疾恶如仇的真御史。秦桧死后，他主张将秦桧的亲党罢逐，对阿随秦桧的奸邪不可宽容，这些当然是正确的。遗憾的是，他不分青红皂白，对于一生专注于治学、著述的郑樵，只因曾经上书秦桧，请求避免修史之祸，并参照旧例命以闲职助其修史，就将郑樵视同秦桧的亲党加以弹劾，无疑是一种误判。更何况，宋高宗召对郑樵后，也已经允许了他的这两个要求。

面对叶御史的无端弹劾，郑樵有口难言。他一生志在修史，无意做官，并且多次放弃别人对他的举荐，从来没有试图借秦桧之手，达到飞黄腾达的目的。为此，他竭力请求辞官归山。宋高宗也深知郑樵其人其志，并没有采纳叶义问的弹劾而处分郑樵，只是将他改任潭州南岳庙监官，使他能够享受一份俸禄，得以安心编修《通志》。郑樵并不在意官职的大小、虚实，对宋高宗的新命反而感到称心如意。

宋高宗这次召见，是郑樵治学生涯的一个重大转折点。编修《通志》的愿望与计划，终于得到了皇帝的钦定，并且高宗还给他安置了职位，使他生活上有了个稳定的依靠，还指令由官府供给修史所需的纸笔。对御史叶义问的弹劾，高宗也做了妥善处理。总之，宋高宗对郑樵修史的支持和帮助可谓相当有力。

曹勋赠行

郑樵启程之际，他的故友，时任保信军（治所在今安徽合肥）承宣使、枢密副都承旨曹勋为他送行。曹勋是颍昌府阳翟县（今河南禹县）人，曾经是郑樵父亲郑国器的太学好友。郑国器还在曹家东楼住过，两人常有诗唱答。

曹勋原为宋徽宗退位后的武官，特命参加进士廷试，赐甲科。靖康元年（1126年），曹勋与宋徽宗一同被金兵押解北上。途中，徽宗在御衣领上写下“可便即真，来救父母”一语，命曹勋送交康王（即宋高宗）。曹勋自燕山逃至南京（今河南商丘），向宋高宗上御衣书，并请求招募死士，由海路北上营救徽宗。当权者不听，曹勋反被黜斥出朝，9年得不到晋升。

绍兴十一年（1141年），金兀术遣使议和，曹勋充任报谢副使出使金国。行前，宋高宗面谕要恳请亲族归来。到了会见金主时，正使何铸匍匐在地上，不敢提出要求。曹勋见此，挺身而出反复劝导金主，金主终于允许归还宋徽宗梓宫（皇帝、皇后的棺材。因用梓木制作，故名）和太后。不久，金国遣人护送太后回到临安。曹勋因功升任保信军承宣使、枢密副都承旨。

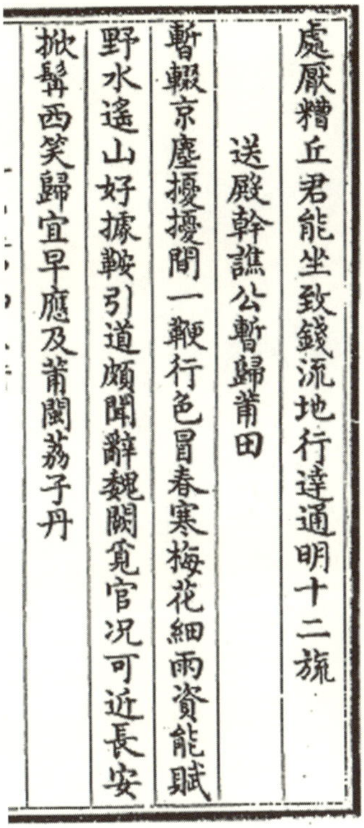
處厭糟丘君能坐致錢流地行達通明十二旒

送殿幹譙公暫歸莆田

暫輟京塵擾擾間一鞭行色冒春寒梅花細雨資能賦野水遥山好據鞍引道頗聞辭魏闕覓官况可近長安掀髯西笑歸宜早應及莆閩荔子丹

曹勋赠行诗书影

郑樵此次来京，适逢曹勋在临安，对郑樵多有照料。曹勋深知朝中的规矩，也懂得郑樵的志向与心绪，因此作《送殿干谯公暂归莆田》一诗赠行。诗曰：

暂辍京尘扰扰间，一鞭行色冒春寒。
梅花细雨资能赋，野水遥山好据鞍。
引道颇闻辞魏阙，觅官况可近长安。
掀髯西笑归宜早，应及莆闽荔子丹。

曹勋以炽热的语言，安慰郑樵割除京师的诸多烦扰后，能尽早归莆著述，还来得及品尝家乡的荔枝。

史學流芳
五十年力學不下山度量包羅天
五百部著作曾詣闕

第七章

夹漈草堂著新篇

郑樵衔命归来，新建夹漈草堂，专心致志编修《通志》。他忍受着寂寞清苦，排除困难，历经三年多时间，终于编成《通志》，圆其会通修史之梦。郑樵为此几乎耗尽毕生精力。

夹漈草堂

绍兴二十八年（1158年）春，郑樵承载着高宗皇帝的大恩大德，肩负着编修《通志》的伟大使命回到了兴化。

为了集中精力编修《通志》，郑樵在夹漈山中新建了一座草堂，用于居住、修史。

夹漈山海拔662米，是本境的最高峰。山上两漈夹流，故名夹漈山。郑樵居此草堂修史，故名夹漈草堂。这里高山耸叠，远离村庄，人迹罕至。在这里，郑樵可以隔绝一切烦扰，专心致志地修史。

夹漈山中，万木葱茏，泉瀑飞流，环境深幽。草堂坐落于一个山坳里，山峰合抱，依山临溪。满山的泉石、竹木、轻烟与浮云，只有动物与樵薪山民往来其间。草堂后面，青松耸立，西边是一片田地，北边花草丛生。郑樵后来为夹漈草堂作记题诗，记述草堂的环境概貌与起居修史情形，抒发其人生志向和不畏艰辛、奋力著述的精神。

题夹漈草堂（并记）

斯堂本幽泉、怪石、长松、修竹、榛橡所丛会，与时风、夜月、轻烟、浮云、飞禽、走兽、樵薪所往来之地。溪西遗民，于其间为堂三间，覆茅以居焉。斯人也，其斯之流也。顾其人家，不富亦不贫，不贵达亦无病，与尔属相周旋也。

堂后青松百尺长，堂前流水日汤汤。
西窗尽是农桑域，北牖无非花葛乡。

罢去精神浑冉冉，看来几案尚穰穰。
不知此物何时了，待看临流自在狂。

堂后施柴堂上烧，柴门终日似无聊。
蓼虫不解知辛苦，松鹤何能慰寂寥。
述作还惊心力尽，吟哦早觉鬓毛凋。
布衣蔬食随天性，休讶巢由不见尧。

上一首后两联是说，写作暂歇时，浑身上下疲惫不堪，但一看到几案上写成的许多书稿，便觉得很是欣慰。虽不知何时能

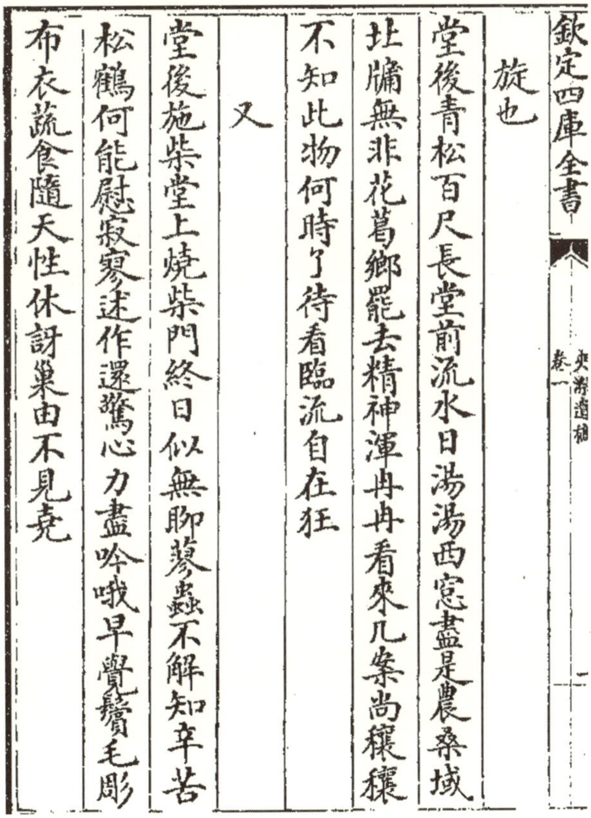
欽定四庫全書　夾漈遺稿　卷一

旋也

堂後青松百尺長堂前流水日湯湯西窓盡是農桑域
北牖無非花蔦鄉罷去精神渾冉冉看來几案尚穰穰
不知此物何時了待看臨流自在狂

又

堂後施柴堂上燒柴門終日似無聊蓼蟲不解知辛苦
松鶴何能慰寂寥述作還驚心力盡吟哦早覺鬢毛彫
布衣蔬食隨天性休訝巢由不見堯

《题夹漈草堂》诗书影

够完成，但自己是个面对激流而从容自在的“狂人”，必定修成《通志》。

下一首说，每天从草堂后面砍柴，然后拖到草堂烧火取暖。为了编修《通志》，整天在草堂埋头写作，单调枯燥，看似很无聊。如同蓼虫噬食蓼草一样，知苦而迎难而上，忍受着难以慰藉的寂寞冷清。长年的著述写作，几乎耗尽自己的心力，连自己也感到吃惊，早就发现鬓发零落稀疏。布衣蔬食、生活清苦是自己的天性，不必为巢父、许由两位隐士不肯去见帝尧而感到惊讶。

奋笔成书

编修《通志》是郑樵在夹漈草堂的主要工作。按他确立的体例，这将是一部上自三皇五帝、下至五代十国、跨越几千年时间、汇集古今之书为一书、不用旧例、自成一家之言的巨大工程。

为了完成编修《通志》的使命，郑樵坚守在夹漈草堂中。粗衣蔬食，忍耐寒冷与寂寞，在堆满书籍的书房里，夜以继日地伏案写作，每日至少要写下五六千言。他不单是抄写，还要梳理史料、辨析内容、考订史实。

正如他的诗所描述的那样，虽然疲惫不堪，但看到写成的书稿就为之欣慰；虽然不知道何时能够完成，但有“狂人”的劲头，就能从容自在地排除一切困难，完成《通志》的编修大业。这种狂人，就是郑樵治学生涯所显示的，一个胸怀大志、思想开放、创新立言的有志之士；一个矢志苦学、搜尽天下遗书、深居山林三十年、著书千余卷的“治学狂”；一个睥睨传统的陈腐谬说、敢于批判创新、自成一家之言的“学术斗士”。这就是郑樵的人生轨迹，也是他得以成功的精神支柱。

曹勋赠诗

正当郑樵在夹漈草堂奋力编修《通志》时，故友曹勋再次受命，以昭信军节度使的官衔，作为王纶的副使出使金国。

时为绍兴二十九年（1159年）。

当走到边境之时，天空一行秋雁嗷嗷飞过。曹勋不禁触景生情，想到几个月前刚刚送别的故人郑樵，此刻正在夹漈山中餐风饮露、奋笔修史，敬佩之情油然涌起。于是他便提笔赋诗寄赠，以慰劳故友。诗曰：

君家谷口蔼清节，后裔于今耿冰雪。
高明固已天下闻，却向山中弄明月。
贯穿诸史极成败，鼓吹六经方论说。
碧云日暮临庭柯，缄封肯寄冲烟萝。
边头嗷嗷一雁过，坐想空山霜露多。

曹勋赞颂郑樵弘扬先祖高洁节操、矢志归山治学著述的品行，高度概括了郑樵的学行及其成就，表达对郑樵的钦敬之心与关爱之情。

大功告成

绍兴三十年（1160年），郑樵历经3年多时间的全力拼搏，终于完成了《通志》的编修工作，实现了一生梦寐以求的会通修史之梦。《通志》全书200卷，500多万言，包括帝纪、后妃传、略、年谱、世家、列传、载记等几个部分，是继司马迁《史记》

之后的又一部通史巨作。郑樵为此耗尽了毕生精力。

郑樵之所以能够在三四年的时间里完成这部卷帙浩繁、自成体例的通史巨著，并不是说编修《通志》很简单，而是他一生的治学征程的综合。

自进山读书治学之日起，郑樵就有计划有步骤地读书著述，“山林三十年，著书千卷”。尤其在芗林草堂的20多年里，他已经对10个门类的学问进行了深入的研究，完成了50种著述。对于《通志》的体例，他也早有构思，胸有成竹。此后他又获得宋高宗的允许及俸禄保障。这些都是他能够在几年里比较顺利而迅速地完成《通志》的坚实基础与有利条件。《通志》的成书，乃是水到渠成、瓜熟蒂落之事。

郑樵在《通志》成书后，曾经感叹著述之艰难。他说：“唯此编摩，岂敢容易。守株待兔，莫辩指踪；常山击蛇，要观首尾。若无自得之学，曷成一家之言？”意思是说，编修《通志》不敢说它容易，既要像守株待兔辨别踪迹一样，认真仔细辨析史料；又要像打击常山之蛇时，要防止它头尾呼应一样，要通盘考虑，前后相顾。若无自己的充足准备，是不能成一家之言的。

郑樵又说：“凡兹汗简之劳，莫非手出。深投虚谷，迥隔人烟。三年衡霍之祠，曾无公事。万卷灯窗之积，几陨余生。鬓雪垂垂，心灰寸寸。”他是说《通志》的全部编修抄写工作，都是自己在远离人烟的深山虚谷中，历时三年，亲手完成。窗前灯下苦读堆积的万卷图书的艰辛日子，几乎将自己的生命耗尽。

距离夹漈草堂几步远的地方有条山泉，穿行于奇形怪状的岩石与老树根之间，依着地势去而复来，下而复上，此起彼伏，犹如明珠般华丽、玉柱般晶莹。

于是郑樵作《夹漈听泉记》，文曰：

> 去溪西遗民夹漈草堂之枕六七步许有泉，日不闻，夜闻，深夜犹闻，夜之闻也；作不闻，静闻，静之闻也。有适莫不闻，无适莫闻，故觉莫不闻，而梦或闻。觉与之情，其声之形；梦与之然，其声之天。
>
> 觉与之情，其声之形，则曰经于怪石巉阻，龟者、盂者、齿者、咽者、室者、堵者、汲者、箔者；复于老树根之为龙、为蛇、为人、为禽、为畜、为指、为股、为矛、为绳、为飞翔跣足之势者。故能去而复来，下而复上，没于此而出于彼。盘而吸，晕而洒，明珠靡靡，玉柱珊珊，千态万状，无所不有。其或滞于轻沙落叶，乍停乍决；或冒于红绿芳荪，一俯一仰，虽长松萧骚，风雨啾嘈，落叶析戍，空谷噫呜，莫得而浑互也。

郑樵以生花之笔，描述山泉的形状及其独特的声音，展现了泉水不畏险阻曲折、勇往直前、充满生命活力的一面。山中的种种声音，都不能同泉流的声音互相混杂。它不正是郑樵坚韧不拔治学著述、创新体例、自成一家之言的生动形象的写照吗？

第八章

再赴京都献新著

郑樵赴临安进献新著《通志》，因宋高宗视师建康，于是在京候命。至高宗回京，郑樵却一病不起，不幸卒于命下之日。天下人无不为之悲叹，悼念夹漈先生的高风亮节，故人曹勋抚棺哭祭。郑樵魂归故山。

临安献书

绍兴三十一年（1161年）十月，郑樵携带新著的200卷《通志》到临安进献宋高宗。他写了一封献书的奏章，扼要介绍自己立志苦学与编修《通志》的艰辛历程。《上殿〈通志〉表》全文如下：

臣樵窃言，唯二十年不行束帛，独为微臣；五十载总为一书，庶酬圣世。诚以前王之阙典，皆由诸史之无章，敢对冕旒之前，极陈铅椠之业。臣樵申谢！

伏念臣樵，幼而孤苦，长而穷困，视屋漏以无愧，闻鸡鸣而不已。所赖闽中无兵火之厄，可以见天下之书；犹幸家无担石之储，可以绝人间之事。栖丘饮壑，映雪照萤，唯恋分阴，不图进取。素乏讲筵之旧，忽贻荐墨之新，自惭非才，岂宜特进。此盖伏遇皇帝陛下，道包迩遐，德及幽微，不使阳明之朝，而有沉冥之士。鹤书爰赴，茇刺初焚。

恭惟陛对之晨，曲尽宸衷之照。天颜咫尺，玉韵铿锵；平常言语，自成文采，如彼《典诰》，不假雕镂。所谈之经，皆非先儒所能论之经；所谈之史，皆非先儒所能著之史。是日，延英之漏甚久，宣室之席屡前。但觉鼯鼠之技穷，罔测云龙之神化。自古帝王之负学术，未有如此之高明；从来草茅而见至尊，未有如此之委曲。一时盛事，四海传闻，所闻宏多，由兹增长。

顾臣修史之本末，尽出圣训之绪余。观彼《春秋》，默备四时之气，较于班、马，似有一日之长。唯此编摩，岂敢容易。守株待兔，莫辩指踪；常山击蛇，要观首尾。若无自得之学，曷成一家之言？

重念臣被旨以还，唯恐弗逮；虽蒙笔札之赐，不敢官求。凡兹汗简之劳，莫非手出。深投虚谷，迥隔人烟。三年衡霍之祠，曾无公事；万卷灯窗之积，几陨余生。鬓雪垂垂，心灰寸寸。合随朝露以往，敢望海宗之来。自覆载之恩深，谨风雷之命重。遂令吉甫之诵，作于中兴之时；不使相如之书，求于身后之日。其书曰《通志》，凡二百卷，并目录，谨随表以闻。

郑樵这篇奏章，整篇文字不足700言，高度概括了他的家世、苦学情形，着重表达对宋高宗重视学术、支持修史的感恩之情，禀告三年奋力编修《通志》的艰辛历程，为能够在有生之年成书而感到欣慰。

朝廷授职

绍兴三十一年（1161年）十一月，金国再次大举侵宋，金兵东路主力直抵长江北岸西采石（今安徽马鞍山境内）渡口，军事形势极为危急。宋高宗决定亲自出征，坐镇建康（今南京），并任命知枢密院事叶义问为督视江淮军马，中书舍人虞允文为参谋军事，统一指挥江淮战事。

由于宋高宗不在临安，京都又实行戒严，郑樵只好暂居客馆待命。

十二月，宋高宗任命观文殿大学士、醴泉观使兼侍读汤思退充任行宫留守。汤思退奏请以布衣特起，授任郑樵为枢密院编修官，兼摄检详诸房文字职务，高宗从之。不久又请求以枢密院编修官郑樵为行宫干办公事，也得到高宗同意。

枢密院编修官，掌管编修兵书或军事条例等事务；兼摄检详诸房文字职务，就是兼任代理枢密院下属各部门的机要文书事务；行宫干办公事是行宫的重要官职，协助长官办理行宫内部事务。

不过，郑樵之志不在做官而是修史。于是他借此机会提请编修《金正隆官制》（即《归正官制》），用以比照宋朝的官职、品级。他还请求进入秘书省三馆翻阅书籍，这些也都得到了宋高宗的允许。就这样，郑樵一面修史，一面等待高宗回京，准备向高宗进献《通志》。他抓紧时间到三馆翻阅书籍，果然看到了许多未曾见过的图书文籍，可谓大开眼界。

当时，金主完颜亮正要发兵渡江，形势咄咄逼人。郑樵对大臣说："我预料敌寇必亡！"适逢在京都临安的归正人（指从北方敌占区脱身归附宋朝的士民）要求朝廷允许他们去北方接回妻儿。朝官都说其居心叵测，难以信任。郑樵说："他们本来都是在中原的我朝人民，肯定没有二心。"并表示要以自身性命担保他们去后必定回归。后来的结果正如郑樵说的，归正人全都带着家眷回来了。

郑樵的官职虽低，但大名早为朝中官员所知。他的学术思想及其尖锐的批判言辞，得到了一些有识之士的赞许。但由于他出身寒微，又勇于批判经学家的谬说，直言不讳，因而遭到许多保守派的排斥和诋毁。一些三馆官员，对郑樵也是耿耿于怀、极力排挤，不乐意让郑樵翻阅馆藏文书。不久朝廷也因某些谗言，不再让郑樵到三馆借书。郑樵被迫中止了编修《金正隆官制》的事宜。

在此期间，郑樵结识了刚到任不久的敕令所删定官陆游。几年前，陆游参加官员子弟科试时名列第一，秦桧孙秦埙为第三。秦桧大怒，加罪于主考官。礼部会试时，秦桧指示不得录用陆游。直到秦桧死后，陆游才被授任宁德县主簿，后入朝为敕令所删定官，故与郑樵有了交往。陆游十分钦佩郑樵的渊博学识和为人。陆游后来为一篇石鼓文（秦朝的刻石文字，因刻石外形似鼓而得名）作题跋时写道："予绍兴庚辰、辛巳（三十年、三十一年，1160—1161）间，在朝路识郑渔仲，好识博古，诚佳士也。然朝论多排诋之。时许至三馆借书，故馆中亦不乐云。"陆游对郑樵的学识很是赏识，对郑樵在朝中的境遇也给予同情。

以诗抒怀

郑樵在京期间，诸事喜忧相参，心绪繁杂而烦闷，陆续吟就10首组诗，题为《涤愫》，以抒发复杂多思的真实心情。

枳棘何榛榛，猨狖不敢下。
芳苓何烨烨，雹霜不敢洒。
骅骝驰曲艰，举足难宽假。
所以古之人，犁锄聊自把。

荆棘丛生，连猿猴都不敢下来。莲花出淤泥而不染，雹霜也不敢洒下。骏马在弯曲的道路上奔驰很艰难，不能宽心从容举

足。面临险恶的环境，古人只好归田避世以自持。

天命既倒悬，将身卖椒糈。
朝行畏日薄，暮行畏蛆蟜。
娵娃虽见珍，众嫭心未许。
展转溷餔歠，敢俟庆云举。

天命倒悬，仕途不顺达，以至于行动畏缩不前。虽有奇才却为世人所妒忌，彷徨不安，岂敢希望君上举用?

孤凤落鹰巢，啼麟坠虎穴。
未能脱蒙茸，安得出轩凸。
迢递空自倬，耀灵久已灭。
禔身入三门，黾勉成吾拙。

处境艰难，如同凤落鹰巢孤单无助，麟坠虎穴啼哭不止。心怀大志，但因世道黑暗而落空。唯有修身养性，自我勉励。

修身以为弓，矫思以为矢。
立义以为的，亦云善拟议。
鸣呼彼鸿渐，进德亦犹水。
我如驾其说，木舌畅所指。

人生处世如同射箭一样，要以修身为弓，以正心为矢，以行义为目标，事前还要多加计议。做到这些，才能百发百中、无往而不胜。而道德养成，如同鸿鹄高飞，要循序渐进；又如流水，不进则退。人如能做到这点，就能畅行无阻。

八荒有礼乐，涂民以耳目。
五政不得加，七赋不能育。
古今贵天常，最厌彼婴犊。
嗟哉生不辰，沾项滋觳觫。

天下以礼乐制度教养人民。人民要敬重天道，遵循制度，如果命运不顺，也只能自叹生不逢时，处世时便要战战兢兢、如履薄冰了。

潜天以不策，潜心以不手。

天人既和同，飞潜均不朽。

吾生既病劳，未敢轻俯首。

久幽不改操，旦夕谋杯酒。

岷峨自沉溟，丘壑难为后。

面对现实，要韬光养晦，潜心待机。自己虽然一生忧虑衰老，但决不轻率屈服，即使长年隐居，也不改变操守。

德行尊颜闵，股肱卑萧曹。

明哲知寝伏，文章亦弁髦。

纵彼攀龙鳞，何如掉小舠。

人生一世间，慎勿轻自豪。

在道德行为培养方面要以颜回和闵损（孔子高徒，以德行闻名）为榜样；而辅佐君主时要像萧何、曹参（二人为汉高祖时名臣）一样谦卑恭和。

贤者不饱食，何为仕与农。

圣人不诡时，何为世所宗。

显晦既有因，盛衰亦偶逢。

先秋而后春，俄顷自雍容。

贤能之士从不饱食终日、无所事事，圣人不违背时机而为世代所崇仰。贤者与圣人的显达或退隐都是有原因的，国家的盛衰也只是一时的，如同秋去春来，自然很快就会又是一番好景象。

金革久不息，遐方徒弹指。
谁为民请命，皇天犹未喜。
茂德自不绥，眷眷我梓里。
伤哉古王道，樵夫亦冷齿。

表明自己要继承发扬先辈的美德，关爱乡里。

嗟余本固陋，湛身入花渚。
未制芙蓉裳，已习离骚语。
绰约虽多姿，涕零何如雨。
季夏遭繁霜，天寒不可御。

诗中称自己进取不成反而获罪，要回去把旧服重新改制，要用香菱叶裁剪上衣，用芙蓉（莲花）裁制下裙。虽然没有人理解自己，但自己仍然不改已有的品性与志向。表达自己要洁身自好、追求真理、不与黑暗势力同流合污的决心。郑樵在京都临安也遭到群小的排挤打击，因此借以表达自己的悲愤心情与不改素志的决心。

《涤愫》十首，全面而真实地反映了郑樵在京期间的心迹。我们看到，面对险恶的政治环境，郑樵虽怀才不遇，依然洁身自爱、不改操守，坚持自省自励、修身正心、进德行义。他洞察世事的规律，潜心寝伏，谨慎自守，不攀缘求进，不盲目自傲。同时他也对前景保持乐观的心态，期待时机的到来。

不幸病逝

就在郑樵焦急地等待进献《通志》时，前方传来好消息，宋军采石大捷。郑樵也极为兴奋，援笔赋诗一首：

石头城下何纷纷，将军匹马气如云。
金鼓死兮弓矢休，势失英雄不自由。
风淅淅兮月沉沉，荻花满岸江水深。
千年江水留明月，一片将军报国心。

采石之战极大地缓解了南宋的军事政治危机。战役结束后，宋高宗于绍兴三十二年（1162年）二月六日由建康出发，十八日回到了临安。

可是，在高宗回朝几天后，郑樵却病倒了，而且一病不起。至三月七日，郑樵已奄奄一息，等不及宋高宗召见时亲手进献《通志》，就带着遗恨与世长辞了，时年59岁。

不巧的是，也正是这一天，宋高宗下令郑樵进献《通志》。可是，郑樵再也不能重登迩英殿，向高宗献上凝结毕生心血的巨作《通志》，并面对面讨论学术了。历史也失去了本应出现的，草莱臣子与皇宫至尊又一场谈经论史的佳事。

噩耗传出，海内士人无不痛惜。以朱箕寿为首的300名太学生，撰祭文悼念他。归正人感激郑樵信任支持他们接回家人的恩德，无不为其逝世而痛惜恸哭。郑樵生前故友曹勋，历来景仰郑樵的为人与治学才能，于郑樵逝世后四日，请来和尚念经，以蔬食三奠隆重致祭郑樵之灵，声情并茂地宣读祭文，赞颂郑樵的博学醇德及其治史功绩，为他过早离世而嗟惜涕涟。

祭文如下：

维绍兴三十二年，岁次壬午三月丁酉朔十一日丁未，具位曹某谨以梵呗蔬食三奠，致祭于近故编修郑公之灵。

惟公博学醇德，名冠闽川。早持文柄，乡社曰贤。士荐于上，白衣登天。一言悟主，得君为专。请还旧隐，撮史成编。开卷百世，褒贬粲然。凤腾鳌举，圭方璧圆。咸谓兹书，《通鉴》后先。成书议奏，病忽弗痊。如何不吊，寿止中年。志岂暇展，官未及迁。遽尔长夜，非鬼必仙。朋友嗟惜，孰不涕涟。

呜呼渔仲！魂安所缠。酹我沽酎，夙好靡愆。抚棺增慨，英物归焉。呜呼哀哉！孺子肖君，秀发玉渊。官必及嗣，雅志可宣。尚飨！

郑樵魂归故土，安葬于父亲墓地所在的越王山下。当初，他正是在此读书并守护父墓，从此开启了一生的治学之路。

乾道三年（1167年），兴化军知军钟离松立神道碑，分刻“宋枢密院编修夹漈郑先生之墓”。乾道九年十二月，前丞相、

郑樵墓

邑人陈俊卿将郑樵墓迁葬于白沙务（今涵江区白沙镇）尖峰尾山灵源寺之旁，以便后人瞻仰。墓身为圆锥形，前有墓案墓井，两侧有石阶下至墓道。墓后竖立墓碑，碑文为“宋枢密院编修夹漈郑先生之墓”。

开禧中，郡守王居安在郡学立祠纪念郑樵，并以皇恩请郑樵子郑翁归任学职。郑樵死时，郑翁归才8岁，他年长知书，僻居深山，安贫不竞，作《夹漈家传》与《夹漈书目》等书。

高风亮节

郑樵一生，以读书治学为业，为后世留下了宝贵的文化财富，其中《通志》更是不朽史学巨著。他的道德品行也堪为世人所称道。

郑樵为人清正，操行高尚，不追求权势与私利。在乡里时，他曾连续多年不进城拜会官长，对从学的弟子一律不收受学费。晚年得到一份祠禄后，他并不是用来享受，而是全部用于著述的纸笔花费。且高宗诏令由官府供给他纸笔，他也从未领取。

他平生不随便与人结交附和，但对贤能的人忠厚笃信。他见到一点善事，就多加赞誉推崇；对前来请教学问的人，如果谈得来，就推心置腹，孜孜不倦。起初，林光朝先生和郑樵同时被兴化军推举做官，郑樵起用为枢密院编修后，多次向当权的贤臣介绍林光朝的品德和声望，并写信向朝中同僚推荐。

丘铎曾经在兴化县主政，他勤政爱民，离任时老百姓建生祠纪念他。郑樵为生祠撰写碑记，高度评价丘铎的功绩和情操，说自己同丘铎相遇，是“我知有君、君知有我”的挚友。郑樵在京时，便向朝臣荐用丘铎说：“尚书之门可以没有我郑樵，却不可以没有丘铎！”

福清县人林象是个精通儒学的才能之士，隐居在家，多次受荐、三度被召用而不赴。郑樵写信对林象说：“老兄怀才抱德都不为官，我这样的小人物却接受朝廷的聘用，这让我感到很惭愧啊！”直到郑樵去世后，宋孝宗乾道间，朝廷特赐林象进士，为兴化军教授。

郑樵在乡里，同亲戚邻里和睦相处，经常周济穷困的人。他还重修苏洋陂，完成先祖的遗志。凡是有利于乡里的事，如在平谷上种树、建永贵桥、盖过来庵等，他都尽力去做。对老百姓的疾苦，他自己不能自行通达的，就转告在位的官员上报。

《宋史·郑樵传》谓郑樵“独切切于仕进，识者以是少之”，说他迫切追求做官而被人看轻。这个说法完全歪曲了历史真实。郑樵曾于绍兴十八年（1148年）拒绝接受秦熺的荐举。郑樵在芗林草堂修史期间，朝廷六部使者三次以“孝廉”、两次以“遗逸”的名义举荐他出山做官，郑樵都没接受。他上书宰相，虽然希望比照旧例安排州学教授或史馆文职，目的也只是为了能够进入“三馆”看书，并得到一份俸禄，以便解除生计之忧，全力以赴编修通史。以上事实充分表明，郑樵志在治学而非为官。《宋史》所谓“独切切于仕进”，完全是歪曲事实的污蔑之词。《宋史》这个说法，全部抄录周必大《辛巳亲征录》一书。郑樵进入史馆借书遭受馆员的排挤、诋毁。此时周必大正以秘书省正字兼国史馆编修官，不久又升为监察御史。由此推测，周必大当在“排诋者”之列。《宋史》又说：“（郑樵）请修金正隆官制，因求入秘书省翻阅书籍。未几，又坐言者寝其事。”此“言者”很有可能就是刚由国史馆编修官擢为监察御史的周必大。

以定鼎之謀啓陳者毋亦以殘都廢邑土脉絶水泉鹵不足復興而夷門之痛況未定也嗚呼江沱不足宴安也毋已則採唐人之議取南陽爲中原新宅且以繫人望云

三皇都

伏犧都陳（宛丘城是也今陳州治周武王封舜之後於此）神農都曾或云始都陳（曾今兗州曲阜縣故又云神農營曲阜）黃帝都有熊又遷涿鹿（有熊今鄭州新鄭涿鹿卽涿州）

五帝都

少昊都窮桑（卽曾曲阜也故曰封伯禽於少昊之墟）顓帝都高陽（澶州濮陽縣以顓帝居之故謂之帝丘其城中有顓帝冢存焉）帝嚳都亳亦謂之高辛（卽偃師縣今隸西京帝嚳爲高辛氏故都亦謂高辛）堯始封于唐後徙晉陽卽帝位都平陽（唐今定州唐縣猶有唐城存焉或云唐城在絳州翼城西二里及徙晉陽則以晉陽爲唐今平定軍有古晉陽城是其地及爲天子都平陽則又以平陽爲唐平陽今晉州也）舜始封于虞卽帝位都蒲坂（虞卽南京虞城縣蒲坂隋改爲河南縣今隸河中府）

夏都

禹封於夏受禪之後都平陽又徙安邑（夏今陝州夏縣安邑今隸蒲州平陽卽堯都也禹在陽城者避商均之地而非都也按五子之歌曰惟彼陶唐有此冀方言堯舜及禹皆在冀州界少康中興復還舊都故左傳曰復禹之迹不失舊物）

第九章

会通修史增诸略

郑樵一生著述如林，以《通志》为代表作，以“二十略”为精华。《通志》以会通为主旨，以批判为武器，以实学为取向，以类例为方法，创新体例，自成一家之言，具有鲜明的特色和很高的文献价值，影响广泛而深远。

著述如林

郑樵一生博览群书，勤奋治学，著述繁富。他首先用了10年时间研究经旨之学，即儒家的经典《诗经》《尚书》《春秋》等书，以自己的心得作《书考》《书辨讹》《诗传》《诗辨妄》《春秋传》《春秋考》等书，对儒家经典作了崭新的解读。接着，又用3年时间研究礼乐之学，用3年时间研究文字之学，用五六年时间研究天文地理、虫鱼草木之学，对儒家的典籍从不同学科进行深入研究，并完成了一系列相关的著述。然后，又用八九年时间研究讨论之学、图谱之学、亡书之学等文献学领域的学问。此外，他还有不少的诗文论说未能着手汇集成书。

郑樵在绍兴十八年（1148年）赴临安献书前夕，就已经完成了10个门类50种书。此后专注于《通志》的编修工作，这是一部集天下之书为一书、汇通百家之学的鸿篇巨制，于绍兴三十年（1160年）成书。这时郑樵已经57岁了。

据学者估计，郑樵一生的著述多达八九十种，在多个学科领域都取得了重要成果，创造了巨大的精神文化财富。

十分可惜，郑樵近百种1000多卷的著述，流传至今的仅有《通志》200卷（包括“二十略”在内）、《诗辨妄》6卷（后人辑录本）、《尔雅注》3卷、《夹漈遗稿》3卷及若干零篇散帙，其他大部分书稿散落世间而日渐失传。不过，从《通志》中，还可以看到郑樵部分专著的内容，可谓不幸中之万幸也。

皇皇巨著

在郑樵的全部著述中，《通志》是一部名副其实的压轴巨制，这是他少年立志读天下之书、通百家之学，并为之奋斗一生的学术结晶。郑樵有感于司马迁之后，史家背离会通的修史传统、割裂历史的联系、忽视典章制度的变化、专以空言著书的弊病，于是决定另辟蹊径，编修一部上自羲皇，下至五代，集天下之书为一书的通史，最后将这部通史正式命名为《通志》。

《通志》有《帝纪》18卷；《后妃传》2卷；《年谱》4卷，以年表的形式，记载自三皇至隋的历代大事记；《略》52卷，分

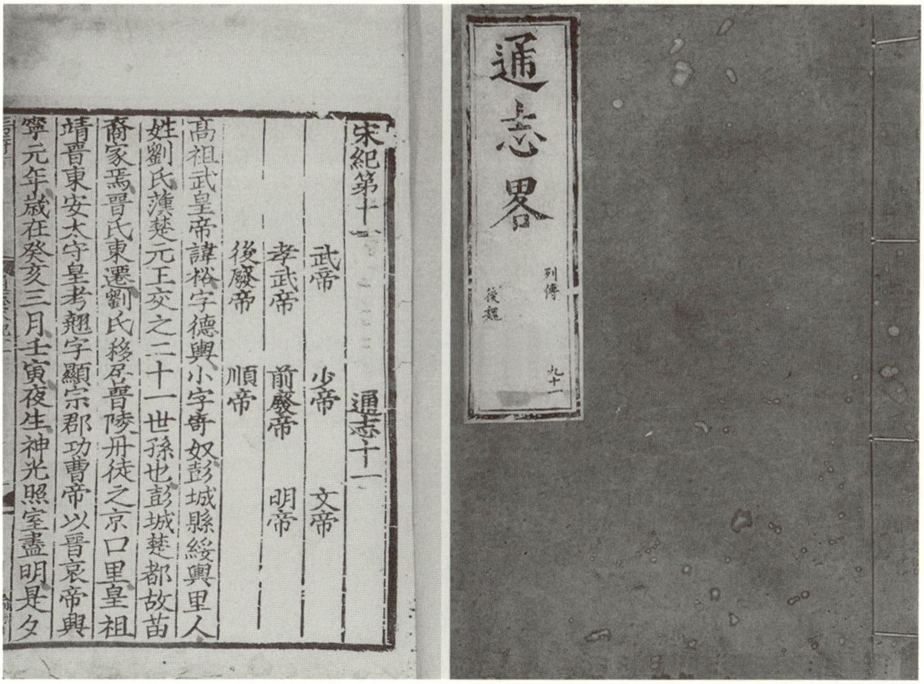
宋紀第十一　通志十一
武帝　少帝　文帝
孝武帝　前廢帝　明帝
後廢帝　順帝
高祖武皇帝諱裕字德輿小字寄奴彭城縣綏輿里人姓劉氏漢楚元王交之二十一世孫也彭城楚都故苗裔家焉晉氏東遷劉氏移居晉陵丹徒之京口里皇祖靖晉東安太守皇考翹字顯宗郡功曹帝以晉哀帝興寧元年歲在癸亥三月壬寅夜生神光照室盡明是夕

通志畧
列傳
後妃
九十一

郑樵《通志略》书影

门别类记述氏族、礼乐、天文地理、语言文字、校雠文献的典章制度；《世家宗室》11卷，记载春秋诸侯列国，以及自汉至隋宗室制度；《列传》105卷，记载历代重要人物1800多人的事迹；《载记》8卷，记载南北割据、少数民族政权及近邻国家的情况。全书凡200卷，500多万字。

《通志》是继《史记》之后又一部大型纪传体通史。它继承了司马迁的会通思想和《史记》的体例，博采众史，但自有成法，有所创新。古时将记事的史书称为“志”，司马迁改“志”为“记”，名之《史记》；郑樵恢复本来的用法，名曰《通志》。他还将《表》改为《谱》。

《通志》中的“二十略”是全书的精华所在。为《氏族略》《六书略》《七音略》《天文略》《地理略》《都邑略》《礼略》《谥略》《器服略》《乐略》《职官略》《选举略》《刑法略》《食货略》《艺文略》《校雠略》《图谱略》《金石略》《灾祥略》《昆虫草木略》。其中又以氏族、六书、七音、艺文、校雠、图谱、金石等“七略”最具学术价值。这“七略”都是以往史志中所没有的篇目，在史学的体例上具有开创意义。如《艺文略》打破了传统的经、史、子、集的四部分类法，创立了崭新的书目分类法。另一些篇目虽然采用归志的名称，但在内容上也有更新。

郑樵说：“臣今总天下之大学术而条其纲目，名之曰‘略’，凡二十略。百代之宪章，学者之能事，尽于此矣。”意思说，“二十略”是对百代典章制度与天下学术的汇总，也是学者才能的体现。“二十略”是郑樵一生治学著述的学术总汇和精髓所在。

《通志》特色

《通志》一书有着鲜明的特色，主要有以下几点。

一是主旨鲜明。就是会通众史，总辑一书。“会通”之“会”，就是会集天下之书为一书，“通”就是要求时代相续，古今贯通。郑樵说：“天下之理，不可以不会；古今之道，不可以不通。……史家据一代之史，不能通前代之史，本一书而修，不能会天下之书而修。故后代与前代之事，不相因依。又诸家之书，散落人间，靡所底定，安得为成书乎！”“总辑一书”的意思就是集天下之书为一书。

郑樵认为，修史不但要通，而且要博，要旁通天下一切之大学术。会通古今，就是把历史作为一个整体进行考察，说明其来龙去脉，反映其发展进程。“会通”不仅是郑樵编修《通志》的缘由，同时也是贯穿全书的主旨。《通志》正是以会通思想为指导，成为一部贯通古今、旁通百科、会集天下之书为一书的纪传体通史。

二是创新体例。《通志》以会通为主旨，通古今、汇百科，总辑天下之书为一书，本身就是古代史籍体例上的伟大创新。《通志》的体例虽然继承前人旧志，特别是司马迁《史记》所创立的“本纪”“世家”“表”“书”“列传”5项纪传体的体例，但并非全搬照抄，而是按照自己的修史思路，有所采用，有所更改，有所创新。

郑樵说，学术的卓越造诣在于内心的认识，“二十略”都是自有所得，不采用旧史的文字。“纪”和“传”是编年纪事的实迹，自有成规，不为智而增，不为愚而减。所以采用“纪”

“传”的原文但又做了增删。如增补了130多篇春秋战国时期人物的传记，对《后汉书》《三国志》的某些人物传，也按其历史时期的归属作了调整，并把《三国志》一批人物传的征引史料、注文糅入传文，又为名匠马钧立传。对南北朝诸家正史的人物传记，也打破原来的家传体系，依照历史年代顺序编排，并删除了原书的《贼臣传》《索虏传》《僭伪传》等褒贬笔法的篇目。

《通志》的创新，突出地表现在“二十略”的设置上。郑樵突破旧史《艺文志》的体例，创立《图谱略》《金石略》，与《艺文略》并列，把金石、图谱视为文献的重要类型。他特别强调图谱对治学的重要作用，认为图谱对于天文地理、宫室器物、车旗衣裳与草木虫鱼等名物的辨识尤为重要，有图谱学者便能“索象于图，索理于书”，更容易获得学习的功效。他又打破旧史《艺文志》的经史子集四部分类法，把“经部”中的“礼”“乐”“小学”独立与“经”并列，然后按照学科内容，设立经、礼、乐、小学、史、诸子、星数、五行、艺术、医方、类书和文等凡12类、100家、420种。

《校雠略》对如何搜求图书提出了八种途径，即“求书八法”。并对亡佚图书的记载、编排及辑录也作了论述。《六书略》在汉代许慎《说文解字》的基础上，对文与字、声与韵作了深入研究。他用“六书”（即汉字的六条造字法则）统领与解释文字，反映了汉至宋的文字演变情况，收录字数达24200多。

《七音略》从语音上探讨汉字的形成规律，制定了音韵制字图43幅，显示了宋代的整个语音系统。《灾祥略》对历史记载的隋代以前的天、日、月、星、地（山）、水、旱、火、风等方面的自然变异现象，作了分门别类的总结，为天文、地理等科学提供了丰富的数据。郑樵还通过全面系统分析，指出自然界的变异现象同人间的吉祥灾患并无必然的联系，彻底否定了千百年来的传统“灾祥说”，斥之为“欺天”的妖学。

《昆虫草木略》对主要的动植物作了分类，并分别对其名称、形状、习性、功用等生物属性作了具体介绍。他强调儒生与农人要取长补短、互通有无，要把田野生物的现状与诗书的义旨互相参合，以便准确地把握经旨的本义。

《氏族略》对氏族的渊源进行深入研究，作了详尽严密的分类，对少数民族及其与汉族的相互融合也有记载。《都邑略》罗列了历朝历代及其周边国家的都城情况，指出“建邦设都，皆冯（凭）险阻，城池必依山川以为固”的规律，并针对南宋的实际情况，主张定都南阳（今属河南），充分反映了郑樵反对和议偏安、力主抗金的思想。

另外，在自然科学方面。郑樵深入自然界，细心观察动植物的性状。《昆虫草木略》对动植物的分类及其习性作了具体记载，并破天荒地列为史志的内容之一。郑樵研究天文地理时，坚持把搜集文献同观察天象相结合。《艺文略》中涉及天文学及相关的书达369种之多。《天文略》又把隋代丹元子的《步天歌》作为该篇的主要内容载入，并补充了残缺的歌诀。《七音略》的韵表，具有数学坐标的概念。以上这些，都显示《通志》“二十略”对自然科学的卓越贡献。

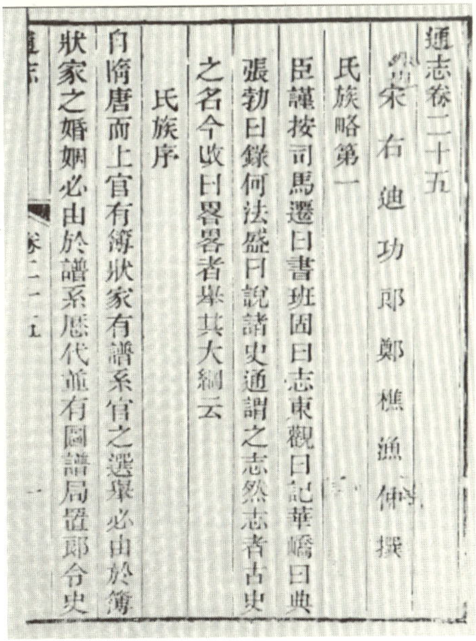
通志卷二十五
宋右迪功郎鄭樵漁仲撰
氏族略第一
臣謹按司馬遷曰書班固曰志東觀曰記華嶠曰典
張勃曰錄何法盛曰說諸史通謂之志然志者古史
之名今改曰略略者舉其大綱云
氏族序
自隋唐而上官有簿狀家有譜系官之選舉必由於簿
狀家之婚姻必由於譜系歷代並有圖譜局置郎令史

《通志·氏族略》

三是批判精神。《通志》充满了强烈的学术批判精神。郑樵批判汉代经师对诗、书、传典籍的种种曲说，认为《诗》的功用在于乐章，不在文义；《春秋》的功用在于法制，而不在于褒贬。他还指出："《诗》《书》可信，然不必字字可信。"

郑樵批判司马迁之后史家修史的"荒唐"做法。如班固《汉书》违背会通的主旨、断代为史、隔断历史的做法，《春秋》"三传"所推崇的所谓"寓褒贬于一字间"的"春秋笔法"。郑樵质疑说："纪传之中既载善恶，足为鉴戒，何必于纪传之后，更加褒贬？"他认为，历代史书关于"贼""寇""僭""索虏""岛夷""义军""义兵""叛臣""逆党"之类的表述，是修史人"不知留意宪章，而崇尚于言语"的败笔，对此"深以为耻"。

郑樵批判天人感应的"灾祥说"，认为以自然变异现象对应人间祸福、解释人事历史是欺天的"妖学"，是欺人的"妄学"。如此等等，批判的言辞尖锐而凌厉。

郑樵自我声明，他的学术批判并非"好攻古人"，而是想要借此打开学者见识的门户，明辨是非，维护正道。郑樵正是在猛烈尖锐的学术批判中，拨乱反正，推陈出新，以自己的真知灼见，深化学术的发展。

四是注重实学。郑樵认为，治学修史要讲求实用，反对空言的辞章、义理之学。他提出，治史要留意记载国家的典章制度，史册因已详文该事，善恶已明，无须再加美刺褒贬。因此《通志》中的纪、传、世家等都删去了原有的"论赞"，而着力于"二十略"对历代宪章演变的记载。

郑樵重视图谱的感性功用，指出天文、地理、宫室、器物、衣裳等16门类的知识，若无图谱，不但"人亦难为学，学亦难为功。虽平日胸中有千章万卷，及置之行事之间，则茫茫然不知所向”。郑樵用10年时间研究经旨之学，正是通过对天文、地理、草木、虫鱼、鸟兽的细心考察核实，才弄清文字的含义，撇清了传统的“美刺”“褒贬”的谬说，才真正理解了《诗》《传》的本义。

五是科学分类。“类例法”是郑樵治学的基本方法。郑樵在《校雠略》《图谱略》《艺文略》中，以持军、治狱的编制方式，比喻治学的“类例法”，就是要求在分明学术源流的基础上，对学术加以分类，“类例既分，学术自明，以其先后本末具在”。一部《通志》，特别是“二十略”，始终贯彻这种“类例法”。

《艺文略》以12类与3级分类法，把古今天下图书统归其中，穷尽了百家之学的源流。《昆虫草木略》把动植物分为草、蔬、稻粱、木、果、虫鱼、禽、兽8大类，每类又加细分，分明其类别、品种。如草类的芝，按颜色分就有龙芝（青）、丹芝（赤）、金芝（黄）、玉芝（白）、玄芝（黑）、木芝（紫）6种。《氏族略》把姓氏的来源分为32种，即以国、邑、乡、亭、地、姓、字、名、次、族、官、爵、凶德、吉德、技、事、谥、爵系、国系、族系、名氏、国爵、邑系、官名、邑谥、谥氏等为氏，做到“绳绳秩秩，各归其宗。使千余年湮渊断绪之典，灿然在目”。《六书略》梳理古代汉字的六种造字规则，“驱天下文字，尽归‘六书’。军律既明，士乃用命”。

总之，“类例法”是郑樵一生治学著述的主要方法，是他取得巨大成功的一大法宝，也是贯穿于《通志》中的科学理论方法，极大地提高了《通志》的学术价值。

以上所列《通志》的这些特色，集中体现了郑樵的史学思想与学术精神。这些特色不是孤立的，而是有机联系的。它从不同角度和层面上反映出郑樵治学的途径、方法及指导思想。郑樵正是在博采众书的基础上，以会通为主旨，以批判为武器，以实学为取向，以类例为方法，推陈出新，而自成一家之言、独断之学，终以一己之力，在中国史学史上树立了一座丰碑。

白璧微瑕

诚然，由于时代的局限、个人治学条件的僻陋，以及晚年基于身体原因而仓促成书的处境，郑樵的才华未能得到充分的发挥。所著《通志》也未能精益求精、趋于完美。在今天看来，郑樵《通志》也存在某些不足之处。

郑樵继承司马迁会通修史的体例，却全盘否定班固断代修史的模式，未免绝对化了。在中国史学史上，继《汉书》之后，历代官修的正史无不是断代史，显示了断代史体例的独特价值。另外，《通志》在某些方面也有体例不纯、内容重复或缺漏，以及归类不当等瑕疵。

郑樵慑于当时私人修史的禁忌，不敢议论本朝大臣主修的《唐书》《五代史》，致使某些类目的断限不一致。由于他地处一隅，一人之力，故未能全面搜罗运用史料，以至于一些内容缺漏。尤其是他晚年景况不佳，又急于完书进献，未免仓促成稿，致使编订不周，某些考证错漏。如此等等。

广泛影响

郑樵的学说与著述，当时就受到一些有识之士的重视与赞赏，影响日益扩大。汪应辰说：“（郑樵）所著《六书本义》，明古人制字之意，皆有证援，疑者阙之，不为强说，足以辨近世儒者私意穿凿之失。又有《诗》《传》，其考究精密，多先儒所未悟；推测经旨，简易明白。”曾任崇政殿说书与中书舍人的王纶，精通《春秋传》，也赞许郑樵潜心钻研古代典籍、杜门著书的壮举，称他“撰述益多，恐必有补治道”。两人最终促成了宋高宗召见郑樵陛对之事。

宋高宗召见时，郑樵向他介绍会通修史的主旨与体例，同高宗深入讨论历史。高宗称许郑樵“敷陈古学，自成一家”，并支持其编修《通志》。而且在几年前还诏令将郑樵著述收藏于秘府。在福州的几位名臣，如赵鼎、张浚等人，每逢听说郑樵有了新著，就派人前往兴化抄书带回。这都表明郑樵的学说与著述在官方层面的影响。

兴化军的林光朝，致书郑樵说：“六兄（指郑樵）去吾圣人（指孔子）千余岁，得不传之学。夫子三四十年，足迹半天下，自卫反鲁，然后《乐》正，《雅》《颂》各得其所，于讨论之后，仅无一人知制作大意。某前数年闻夹漈有说，便心开目明，第恨无成书可验耳。比日仲友兄相聚，亦许就兄处逐项借出。某愚且专，年岁间，须见次第，想兄不于某吝其传也。”林光朝为南宋著名儒学家，有“南夫子”之称，后为国子祭酒。他向往郑樵的学说已久，渴望借书见识孔子的“不传之学”。

南宋大儒朱熹，曾经对弟子说：“郑渔仲老先生不相信先儒的《诗序》，只依古本与叠在后面。我现在也是这样做，先虚心地看原文，看熟了，它的含义就自然领悟了。那些讲解《诗》的序文，大多类似世儒的谈论，很多地方都不能解释诗人的本来意义。”

朱熹又说："《诗序》实不足信，向见郑渔仲有《诗辨妄》，力诋《诗序》，其间言语太甚，以为皆是村野妄人所作，始亦疑之。后来仔细看一两篇，因质之《史记》《国语》，然后知《诗序》之果不足信。因是看《行苇》《宾之初筵》《抑》数篇，《序》与《诗》全不相似。以此看其他《诗序》，其不足信者煞多。"他完全否定了《诗序》对《诗经》的所谓"诗义"的解读。

因此，朱熹在自著的《诗集传》一书里，毅然抛弃了先儒《诗序》的传统说法，而采用了郑樵《诗辨妄》的观点。鉴于朱熹当时的名声与地位，曾经长期流行的汉唐经学家们解说经籍的读物《诗序》，就被他的《诗集传》取而代之了。

宋元间南剑州学官刘勋，当时就读过兴化刻本《通志略》，他称赞郑樵编修《通志》"编摩之勤，意度之新，诚为苦心，千载独步"。明万历状元、崇祯礼部尚书兼东阁大学士钱士升，精通朱熹理学，也赞许郑樵及其《通志》，说："渔仲《通志》，广搜群辑，允称良史。"郑樵自己也说："言句散落人间，往往家藏而户有。虽鸡林无贸易之价，而乡校有讽诵之童。"这一切都表明郑樵的学说和著述，对学界产生了重要的影响。

清乾隆间，进士出身的史学家章学诚，作《申郑》《答客问》《释通》等多篇论文，从中国史学发展史的高度，对郑樵《通志》的学术成就与历史贡献，首次做出全面的总结和高度评价。他在《申郑》篇说：

> 郑樵生千载而后，慨然有见于古人著述之源，而知作者之旨，不徒以词采为文，考据为学也。于是遂欲匡正史迁（司马迁），益以博雅；贬损班固，讥其因袭；而独取三千年来遗文故册，运以别识心裁。盖承通史家

风，而自为经纬，成一家言者也。学者少见多怪，不究其发凡起例，绝识旷论，所以斟酌群言，为史学要删；而徒摘其援据之疏略，裁剪之未定者，纷纷攻击，势若不共戴天。古人复起，奚足当吹剑之一吷乎？

他指出，郑樵《通志》的价值，就在于追求历史的本义，继承通史的家风又自为体例，成为独断之学、一家之言。

章氏在《释通》篇中，高度评价了郑樵《通志》的学术价值及其历史地位。他认为郑樵作《通志》，“总古今之学术”，“《通志》精要，在乎义例”。他说：

若郑氏《通志》，卓识名理，独见别裁，古人不能任其先声，后代不能出其规范。虽事实无殊旧录，而辨名正物，诸子之意，寓于史裁，终为不朽之业矣。

章学诚的论述，高度评价了郑樵学说的学术价值，确立了郑樵在中国史学史上的突出地位，为后世学界研究评论郑樵定下了基调，可谓一锤定音。

著名的国学大师梁启超、顾颉刚对章学诚评价郑樵的高论，先后做了积极的呼应，成为当代郑樵史学研究的开拓者。梁启超在倡导中国新史学时，把郑樵作为新史学精神的代表人物。他指出，郑樵的史识“卓绝千古”，是中国史学史上“代表时代特色，而且催促史学变化与发展的人”，“史界之有（郑）樵，若光芒竟天一彗星焉”。

梁氏特别推崇郑樵《通志》“二十略”，指出：“《通志》‘二十略’以论断为主，以记述为辅，实为中国史界放一光明也。”“‘二十略’贯通各史书志，扩充文物范围，发明新颖方法，在史学界很占着地位，足令郑樵不朽。”

顾颉刚对郑樵史学情有独钟。早年在北京大学读书时，他

就开始了对郑樵史学的研究。顾颉刚高度赞赏郑樵的“会通”精神，说《通志》“剪辑改编纪传，把互不相通的十七史打通了”。郑樵的著述，综括一句话，是富于科学的精神。“他所做的书每一类里必有一部书是笼罩全体的；结末做的《通志》就是他一生学问的综合。他觉得学问是必须会通的，所有各家各派的不能相通的疆界，都应该打破。”“中国的社会和学术界看各种行业，各种学问，甚而至于各种书籍，差不多都是孤立的，可以不相谋，所以不能互相辅助以求进步。这种界限，郑樵是极端反对的。……至于书籍上的阻隔，如各种断代的史书没有一贯的统系，更是应该改造的，所以他主说做通史。这种‘会通’的精神，是怎样的伟大！”

顾颉刚高度赞扬郑樵的学术批判精神，称郑樵的心思里没有“天经地义”“专己守残”的经书和注疏。“凭你是古书，表现得不对，就得做正误的工夫；表现得不尽量，也得做补阙的工夫。他看古人与今人只是先后的分别，绝没有古书神圣不可侵犯的观念。”“在从前的学界，实在是卓绝的见解。吾不敢说全部的中国史里，没有类似他的见解的人，但吾敢说全部的中国史里，没有像他做的真确、做的勇敢的人。”“社会上用了很冷酷的面目对他，但他在很艰苦的境界里，已经把自己的天才尽量发挥了！我们现在看着他，只觉得一团饱满充足的精神。他的精神不死！”

他推崇郑樵的治学手法，指出：“（郑樵说）善为学者如持军、治狱；若无部伍之法，何以得书之纪，若无核实之法，何以得书之情。这就是他的真本领！他看得做学问要像持军一般有部伍的法子，要像治狱一般有核实的法子，这就是极明白的科学观念。”“郑樵的真学问，原不在精上，也不在博上，乃在部伍与核实的两个方法上。”

在梁启超、顾颉刚两位大师之后，一些著名学者也对郑樵及其著述极为推崇。著名史学家吕振羽，以诗赞颂郑樵《通志》及其治学的特色：

史通莆郑著新编，门类略析脉络全。
食货艺文颠主次，古今通变叙禅缘。
敢提疑伪同知己，忍摭传闻近史迁。
未若船山阐理势，广搜博引仰莆田。

著名历史学家白寿彝，于纪念郑樵逝世800年之际，把郑樵研究引向深入。他指出，郑樵强调会通之义，这种通变的观点要比司马光《通鉴》的观点进步得多。司马光认为历史是永恒秩序的；郑樵认为历史是变化的，历史家的责任是贯通古今而极其变。他认为：“郑樵通变的观点可以说是他史学中的精华，也可以说是宋代史学中的精华。”“郑樵是我国历史上的优秀史学家”，“郑樵是一个大著作家、大史家。”

1998年3月，郑樵的家乡福建莆田召开了首次全国性的郑樵学术讨论会，交流研究成果，讨论学术见解。

综观当代对郑樵史学思想和《通志》的研究，认识逐步深化，对郑樵的学术贡献与历史地位的评价日益趋于公允，其时代局限性、环境条件及个人因素带来的一些不足，也得到了比较合理的解释。

刊刻流传

据载，在郑樵故乡兴化，当时就有200卷的《通志》手写本流传。大约宋元间就有30册的《通志》“二十略”（简称《通志略》）刊本流传。元成宗大德（1297—1307）年间，东宫有令下达福州州学，刊刻郑樵《通志》全书，凡200卷。所刊《通志》有几千版，装订成几十册。元至治二年（1322年），福州郡守吴绎有感于北方学者不能看到《通志略》，遂捐俸出资并向僚属募捐，翻刻50部《通志略》供江北诸郡使用。元延祐泰定（1314—1328）间，御史中丞马伯庸、太史院使齐履谦相继来闽巡察，各搜求郑樵手稿十多种，正要翻刻传布之时，两人却不幸病故而未能成事。西夏人斡克庄到闽任提点刑狱副使，曾向郑樵子孙访求遗稿，当时犹有郑樵的手稿50多种。

明正德十五年（1520年），御史陈宗夔来闽巡察，认为《通志》实为郑樵的自得之学，非寻常著述可比，遂刻《通志略》以广其传。南京国子祭酒龚用卿序曰："先生之述作，可谓深得会通之旨矣。探神化之渊源，究万物之始终，学通性命之精，识达天人之奥，先生之学可不谓博乎？其言赡而核，详而典，曲而不陨，正而不诬，先生之学可不谓雅乎？"对郑樵的博学与会通治学及其著述的典雅给予很高评价。

有清一代，学者重视考据之学。郑樵的《通志》因具有重要的文献价值而极受学林的推崇。郑樵的《通志》与唐代杜佑的《通典》、元代马端临的《文献通考》三书，都是记载历代典章制度、贯通古今的政书，历来是士人必读之书。因皆以"通"字为书名，故合称"三通"。清朝士林有"士不读'三通'，是为不通"之谚。

清乾隆十二年（1747年），武英殿刊印"三通"。乾隆十四年，又以南宋雕本订正。乾隆文华殿大学士、文渊阁领阁事于敏中序曰："（郑樵）自著此书（《通志》），推天地之中，极古今之变，网罗数千载之典籍，而才与识足以贯之，有非汉唐诸儒所能津逮（达到）者。于虖，可谓良史才也已！”

乾隆三十二年（1767年），敕撰《续通志》640卷，仿照郑樵《通志》的“纪”“传”“谱”“略”体例，略去“世家”“年谱”。又编纂《皇朝通志》126卷，记载清初至乾隆末年的典章制度。全书分氏族、六书、七音、天文、地理、都邑、礼、乐、谥法、器服、职官、选举、刑法、食货、艺文、校雠、图谱、金石、灾祥、昆虫草木20类，均采用郑樵《通志》的名目。这表明郑樵的《通志》在中国古代文献中的重要地位及其对后世的深远影响。《续通志》序云：“自班固已后，断代为史，而会通之义不著。宋臣郑樵作《通志》，乃始搜纂缀辑上下数千载，综其行事，粲然成一家之言，厥功伟矣。”

乾隆三十八年（1773年）开编的《四库全书》，也收入《通志》。《四库全书总目提要》说：“特其采摭既已浩博，议论亦多警辟。虽纯驳互见，而瑕不掩瑜，究非游谈无根者可及。至今资为考镜，与杜佑、马端临书并称‘三通’，亦有以焉。”肯定了《通志》的广采博取、议论精辟，认为它可提供考证借鉴。

历代至民国刊行《通志》的主要版本有明刻本、清武英殿“三通”合刻本、谢刻本、广州重刻本、杭州局本、浙江书局刊本、中华书局本、商务印书馆《十通》本等。因史家一般较看重“二十略”，因此《通志》“二十略”多为单独成书，版本有明刻本、金坛于氏重刻本等。

到了现代，郑樵《通志》的版本繁多，除200卷的《通志》全书外，又有《〈通志〉二十略》版本。

第十章

故里情深颂大儒

郑樵创造了历史，历史记住了郑樵。故里人民纪念郑樵，悉心保护他的遗迹，传唱他的故事，歌颂他的精神。郑樵不朽，郑樵精神永放光芒！

郑樵遗迹

郑樵的遗迹，历经千年风雨侵蚀大多已经荒废。现存的遗迹多为后人重修或重建。主要有：

郑樵故宅遗址。在今涵江区庄边镇林边村。郑樵在此度过少年时代。现只有断垣残瓦与日月两口古井。清乾隆间，里人敬仰夹漈先生，建广业书院祠之。

溪东草堂。在今涵江区新县镇夹漈村溪东村，原为郑樵从兄郑厚故宅，郑樵童年读书于此。两人成名后，世号“二郑”。后人为纪念郑氏两兄弟，改为祠堂，名“二郑祠”。溪东草堂原貌已不可见，民国年间重修。郑樵有《题溪东草堂》诗一首，生动地记述了童年在此读书的情景。

南峰书堂。在今涵江区庄边镇前埔村南峰山麓。宣和六年（1124年），郑樵、郑厚在南峰山西麓建草堂读书，故名。后改建为南峰寺。现有重建的主、后殿，并新题“南峰书堂”门匾，开辟“郑樵纪念馆”。后殿右侧有夹漈祠，前厅有郑樵衣冠塑像。

芗林寺。在新县镇芗林村芗林山上。此地原为郑樵、郑厚青年时讲习之处，现仅存残垣断壁。绍兴五年（1135年），郑樵于芗林寺旁建芗林草堂，用于讲学著述，后人又称之“修史堂”。郑樵一生居此时间最长，其大部分著述都是在此完成。

夹漈遗迹

郑樵纪念馆

夹漈草堂。位于涵江区新县镇夹漈山中，为郑樵编修《通志》之所。绍兴二十八年（1158年），宋高宗召见并允许郑樵编修《通志》，郑樵遂在夹漈山的深山空谷中新建此草堂修史，故名夹漈草堂。郑樵只在此居住3年多时间，后赴京都临安进献《通志》间不幸客死。

洗砚池

宋乾道五年（1169年），即郑樵去世7年之后，兴化知军钟离松特往草堂故址瞻仰，并题匾“夹漈草堂”。权工部尚书兼侍读、邑人刘克庄前来凭吊时，草堂故址已经荒废殆尽。明万历间，莆田旅游家林登名登夹漈山寻访夹漈草堂，所见也是“颓垣废址，列石环阶，依然皆在”。

草堂周边巨石众多，传说下马石是青年朱熹进山拜访郑樵的下马处，曝书石是郑樵晒书处，占星石是他登临观察星象之地。此外还有所谓郑樵的书亭寨、洗砚池、手植松、手栽茶、龙井泉及搬柴坑等遗迹，但多无考。

郑樵墓。在今涵江区白沙镇白沙村尖峰尾山麓。1985年重修墓与墓亭，并补充公布为福建省级文物保护单位。

郑樵遗迹还有夹漈祠、苏洋陂、永贵桥等。苏洋陂在新县社后村前，由郑樵父亲郑国器捐修；永贵桥在今庄边镇前埔村萍湖溪上，为郑樵所倡建。

名人题咏

历代不少名人曾慕名拜访郑樵的草堂遗迹，题诗凭吊。

南宋丞相、邑人陈俊卿曾登芗林山，瞻仰芗林草堂（修史堂），凭吊郑樵，题诗云：

流水三间屋，公曾半席分。
帝尝招此老，天未丧斯文。
人去留青竹，山空只白云。
升堂时想像，金石恍犹闻。

南宋参知政事、邑人龚茂良，参知政事、知枢密院事邑人郑侨，中书舍人兼侍讲、邑人林光朝，权工部尚书兼侍读、邑人刘克庄等，也先后登访夹漈草堂，赋诗凭吊。

郑侨《题夹漈草堂》诗曰：

杪秋寻远山，幽怀郁冲冲。
草堂跨层崖，夕阳山影空。

高人辞天禄，结交杖藜翁。
游氛暗九土，岁晚余曷从？
冷冷夹漈水，谡谡长松风。
思之不可见，泪落秋云中。

南宋左司郎中、郑侨侄子郑寅作《夹漈草堂》诗曰：

地阻一区石，山高两漈深。
弓旌已陈迹，泉石尚余音。
若不登此境，何由见古心。
遗编湮没久，思与共追寻。

诗中提及想要追寻流失的郑樵遗作。

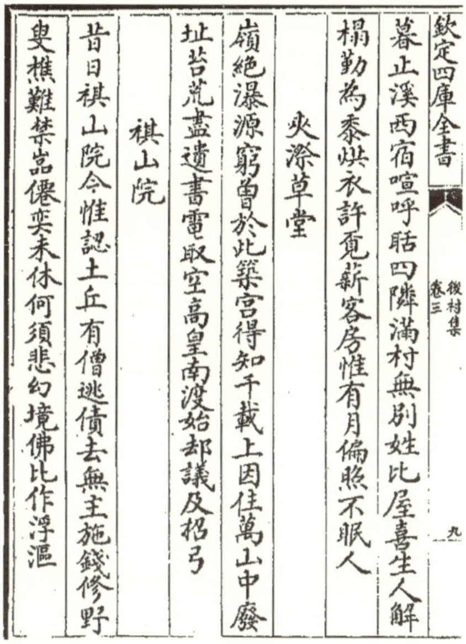
欽定四庫全書 後村集 卷三 九
暮止溪西宿喧呼聒四隣滿村無別姓比屋喜生人解
榻勤為黍烘衣許覓薪客房惟有月偏照不眠人
夾漈草堂
嶺絶瀑源窮曾於此築宮得知千載上因住萬山中廢
址苔荒盡遺書電取空高皇南渡始却議及招弓
祺山院
昔日祺山院今惟認土丘有僧逃債去無主施錢修野
叟樵難禁呂僊奕未休何須悲幻境佛比作浮漚

刘克庄诗书影

刘克庄《夹漈草堂》诗曰：

岭绝瀑源穷，曾于此筑宫。
得知千载上，因住万山中。
故址苔荒尽，遗书电取空。
高皇南渡始，却议及招弓。

诗中提到郑樵的遗书被人掠取一空了。

清乾隆（1736—1795）间，著名学者、《四库全书》总纂修官纪晓岚作《题夹漈公遗像》三绝，高度评价郑樵的治学成就与学术渊源，表达对郑樵的敬仰之情。诗云：

一

半搜书籍半研经，正学从公始证明。
不到程门称子弟，家传原自郑康成。

二

题字模糊一研存，土花曾是手头扪。

于今别处人珍惜，何必流传付子孙。

三

夹漈仍留古草堂，匆匆来访郑公乡。

今朝画里瞻遗像，便似亲焚一瓣香。

纪昀诗中“题字模糊一研存”句，是指其奉诏续修《通志》时，恩师、《清令典》总裁裘曰修知其嗜砚，把所藏一方古端砚赠予。此砚左镌“元祐”，右篆郑樵名，模糊不清，底有“夹漈草堂”字，可证为郑樵所用的旧砚。纪晓岚受赠后铭曰：“唯其书之传，乃传其砚。郁攸乎予心，匪物之玩。”意思说，只因郑樵的书传世，才传下来他的砚。一看到这方砚，心里感到暖洋洋的，它并非供人玩弄的器物。

郑樵精神

人们对郑樵的敬仰和推崇、热爱和怀念，表明郑樵的功德和精神之深入人心。那么，郑樵精神是什么呢?

一是献身事业精神。郑樵自小立志读书，后入山结庐，心苦志远，欲读天下之书，欲通百家之学。为此，他深居山林，栖丘饮壑，忍受蔬食寒霜生活之苦，遭遇妻弟幼子离世之痛，顶着秦奸禁修私史的风险，坚持治学著述。他不贪图科举进取之路，五度辞绝出仕之荐。他几十年如一日，目标始终如一，坚韧不拔，执着追求，迎难而上，著书千余卷。晚年又以微弱之躯，编修《通志》，几陨余生，真正把毕生精力献给了治学修史事业。

二是破旧立新精神。郑樵思想敏锐开放，读古人书而不为旧说所束缚，在继承时辨识批判，在批判中创立新说。他以崭新的体例，独立的见解，创立一家之言，成为独断之学，在中国史学史上确立了重要地位。批判创新是郑樵史学的鲜明特色，也是他学术上取得突破和成功的动力。

三是务实求真精神。郑樵治学，提倡实学，反对空谈辞章义旨，对详于浮言、略于事实、不能体现儒家经典意旨的学风深以为耻。他反对空谈历史，重视历代典章制度的记载。为此，他创立“类例法”，考究学术本末源流；重视图谱、金石对历史的实证功用。他十分强调深入实际、求真核实，以认识事物的真相，获取正确的、有用的知识，做到真实有用。

四是爱国爱民精神。郑樵少时读书，就为古时英雄豪杰的忠义报国精神所感染，立志要做国家的栋梁之材。他身居山林，心怀报国之志、爱民之心。青年时，面对国家危难、苍生鼎沸，与胞兄郑厚携手寻求从政之路，欲使世上无豺虎、地下无冤人。一旦报国无门，就潜心致力于治学，献书效国。他撰文赞扬勤政安民、治水惠民的清正官员。他传承家风，热心桑梓公益事业，凡有利民生的事，总是尽力而为，挺身而出，为民请命。

五是自省自励精神。慎独自省，修身励志，是古代士族的优良传统。郑樵一生勤于自省，严格自律，淡泊明志，幽不改操。他耐得清贫，守志不移，诚俭谨慎；他从容进退，自强不息，是时代的狂夫勇士。

夹漈山高，夹漈流长，郑樵不朽！

延伸阅读

1. [宋]郑樵.《通志（二十略）》，中华书局，1995.

2. [清]章学诚.《文史通义》，上海古籍出版社，2008.

3. 顾颉刚.《郑樵传》，北京大学《国学季刊》，第一卷第二号，1923.

4. 白寿彝.《从历史编纂工作看郑樵》，《北京日报》，1961年5月25日.

5. 厦门大学.《郑樵历史调查报告》，《厦门大学学报》1963年第4期.

6. 宋湖民.《郑樵年谱》，莆田市政协文史委编印，2003.

7. 吴怀棋.《郑樵研究》，厦门大学出版社，2010.

8. 徐有富.《郑樵评传》，南京大学出版社，2011.

后　记

福建，山海相拥，人杰地灵，人文荟萃，英才辈出，产生了许多伟大的思想家、文学家、教育家、科学家和民族英雄、爱国先驱、革命将士、时代楷模。他们的教育成长、道德品行和思想文章，是福建的宝贵精神财富，教育和激励着一代代福建人努力学习、奋勇前行。福建省社会科学界联合会组织编写的“福建历史文化名人丛书”，以福建历史名人为题材，古今结合，意在从高处着眼、从基础着手，普及人文社会科学知识，促进人文道德养成，使社会科学知识走进大众、走进生活、走进现实，让更多的人了解福建历史名人，弘扬优秀传统文化，增强福建文化影响力和感染力，为建设文化强省添砖加瓦。

“福建历史文化名人丛书”（第二辑）所包含的李贽、宋慈、郑樵、柳永、黄榦、蔡襄、辜鸿铭、林觉民、沈葆桢、陈宝琛10个人物故事，记录了福建文化之于中国历史的影响，同时也以人物史的叙述方式生动地展现出中国人文精神的风骨和传统文化的传承。人物篇以人物生平为线索，在故事中体现传主的学问、事功、道德，凸显他们在中华文明进程中的重要作用，深入挖掘和阐发其内在精神，从而激起读者爱国爱乡的强烈情感，使之成为涵养社会主义核心价值观的重要源泉。

这套丛书以广大群众为读者对象，尤其是各年龄段的学生群体以及受过中等教育的读者，他们对这些历史名人的认知，大多来源于历史课本、乡土教材、文化景点和博物馆，很难形成具体、深入、系统的认识。丛书深入浅出，雅俗共赏，通过一个个生动精彩的故事带领读者走进福建历史，走入人文社会科学的知识殿堂，融故事性、知识性、趣味性、可读性于一体，对提升大众的阅读水平、普及社会科学知识、提高人文社会科学文化素养和思想道德素质有着积极的作用。

福建省社科联党组书记、副主席冯潮华对编撰出版工作提出明确要求，给予大力支持。省社科联党组成员、副主席缪建萍亲自指导本书的策划和编写。省社科联从事社科普及工作的缪旭明、杨文飞、林彤、李培鋗等具体组织实施本丛书的编撰出版工作。

刘小新、林国平、刘传标等专家学者对丛书写作大纲和书稿进行了认真审读，并提出了许多很好的意见和建议，在此表示感谢！

由于编撰出版时间紧，经验和水平有限，疏漏在所难免，敬请广大读者批评指正。

编委会

2017年2月